à M. Becquer

Hommage de son dévoué collègue,

Henri Baillière

HENRI REGNAULT

Coulommiers. — Typogr. A. MOUSSIN

HENRI REGNAULT

1843-1871

PAR HENRI BAILLIÈRE

Avec un Dessin à la plume

PARIS

LIBRAIRIE ACADÉMIQUE

DIDIER ET Cⁱᵉ, LIBRAIRES-ÉDITEURS

35, QUAI DES AUGUSTINS, 35

—

1872

HENRI REGNAULT

Henri-Georges-Alexandre Regnault, tombé glorieusement devant l'ennemi le 19 janvier 1871, était né à Paris le 31 octobre 1843.

Il était le second fils de M. Victor Regnault, professeur au Collége de France et à l'École polytechnique, directeur de la Manufacture de Sèvres, membre de l'Institut (Académie des Sciences), et l'une des gloires scientifiques de la France [1].

Henri Regnault comptait déjà comme une de nos gloires artistiques : il s'était fait un grand nom, quoique encore très-jeune, et il se serait certainement conquis une belle place à côté des maîtres de la Peinture française, si la mort — et quelle mort ! — n'avait pas mis à néant tous ces rêves d'avenir.

---

[1] Par sa mère, il était arrière-petit-fils d'Alexandre Duval, bibliothécaire de l'Arsenal, membre de l'Académie française, auteur de *Joseph*, du *Maître de chapelle*, etc.

J'ai beaucoup connu Henri Regnault : une profonde sympathie nous attachait l'un à l'autre, et je ne voudrais pas laisser partir cet illustre ami sans fixer ici quelques souvenirs, sans consacrer la mémoire des instincts précoces qui faisaient pressentir son génie, des succès du jeune homme qui tenaient les promesses de l'enfant, des éminentes qualités de son esprit et de son cœur.

Au lendemain de la mort de H. Regnault, sous le coup de l'émotion que nous avions ressentie, nous avons voulu rendre hommage à sa mémoire, et nous avons essayé une première esquisse, qui, écrite à la hâte, et publiée le 25 février 1871, contenait forcément quelques inexactitudes et quelques omissions.

L'accueil bienveillant fait à notre modeste Notice — en raison sans doute de l'intérêt qui s'attachait au sujet — nous a fait un devoir de réviser et de refondre notre travail, de réparer les oublis et de rectifier les erreurs.

C'est cette étude nouvelle que nous présentons avec confiance au public.

Nous n'avons pas la prétention d'avoir tout dit sur H. Regnault : mais nous ne pouvons dissimuler que nous nous estimerons heureux, si nous avons pu contribuer, pour notre faible part, à mieux mettre en lumière cette grande et belle figure.

1

On raconte que, dès l'âge de trois ans, Henri Regnault, faible, maladif et souffreteux, posé à terre sur un tapis, avec un crayon et un morceau de papier et couché sur le ventre, s'amusait à dessiner de la main gauche des personnages et surtout des animaux ; lignes étranges, incorrectes, mais saisissantes, où se voyait déjà un sentiment remarquable de la forme, un indice certain de la vocation qui l'inspirait. Parfois cela ne ressemblait à rien, mais combien de gens n'en sauraient pas faire autant. On peut presque dire de lui, sans exagération, qu'il a dessiné avant de parler.

Le premier dessin, vraiment digne de ce nom, qu'ait crayonné Henri Regnault et qu'il m'ait été donné de voir, est une marine : il porte une signature, une date (1850) et une dédicace : *A sa bonne Célestine.*

En voici l'histoire. Regnault avait 7 ans, il allait

au jardin du Luxembourg et, sous les yeux de sa bonne, il lançait sur le bassin de petits bateaux qu'il avait lui-même taillés dans le liège; il prenait grand plaisir à ce jeu, et sa bonne, qui savait qu'il avait déjà donné quelques habiles coups de crayon, lui demanda de lui en faire le dessin comme souvenir. Regnault ne pouvait pas résister à semblable prière.

Et il crayonna quatre petits bateaux qui vont sur l'eau, mais non pas sur une eau calme : la brise a soufflé; la mer est un peu houleuse; les vagues se soulèvent; et les navires, dessinés, non pas géométralement, mais en perspective, suivent les mouvements du roulis ou du tangage et se tiennent néanmoins en équilibre.

Vers 1852, il dessina des architectures, et nous avons vu de lui, des temples, des palais, des colonnades, des chapiteaux dans le style Indien, Egyptien, Persan, Assyrien, etc.; c'étaient des études, des imitations, sans doute, de quelque livre à images qu'il avait eu sous les yeux, mais on reconnaît une certaine hardiesse rare chez un enfant de neuf ans.

Ce n'était pas assez: Henri Regnault devint bientôt peintre de fleurs : Mme Biot, qui demeurait au Collége de France, dans le même bâtiment que M. Victor Regnault, aimait les fleurs; elle prit plaisir à demander à son jeune ami de lui conserver sur le papier le souvenir de ses bouquets et il s'y prêta volontiers.

Il n'avait pas encore abordé la représentation du monde vivant et animé : l'occasion devait bientôt s'offrir à lui et la séduction était trop grande pour qu'il ne s'essayât pas dans ce genre nouveau.

Son père poursuivait avec M. Jules Reiset son beau travail sur la *respiration des animaux*, et avait pour ses études un mouton et une chèvre, dans le jardin du Collége de France; ce mouton et cette chèvre, après avoir servi au père de sujets d'expérience, servaient encore au fils de modèles : Henri Regnault les dessine bien souvent, dans toutes les poses, sous tous les aspects.

Tout enfant, il demandait surtout à être promené au Jardin des Plantes et il se plaisait à aller rendre visite à ceux qu'il appelait déjà « ses amis. »

Mais l'animal qui l'attirait le plus, c'était le cheval; il avait pris l'habitude de forcer sa bonne, qui dans la rue le tenait par la main, à s'arrêter avec lui devant un cheval : il regardait, il étudiait; et rentré chez son père il passait sa journée à dessiner de mémoire tout ce qui avait frappé ses yeux et son esprit.

C'est ainsi que nous avons vu de lui des *gendarmes*, des *cuirassiers*, des *cent gardes* (aquarelles), des *hussards*, un *cheval qui boit*, le *retour à la caserne* (aquarelle), un *intérieur d'étable*, un *cavalier cosaque*[1], *se défendant contre un fantassin français*, sans doute un souvenir de récit de la guerre de Crimée, et nombre d'autres croquis soit à la plume, soit à la mine de plomb, soit aux deux crayons, soit en aqua-

---

[1] On trouve dans le cheval arrêté le même sentiment, le même mouvement que dans le cheval du portrait de Juan Prim.

relles [1], — sans compter tous les bonshommes dont il illustrait l'escalier et tous les chevaux apocalyptiques qu'il traçait sur l'asphalte de la terrasse du Collége de France, avec de la craie dérobée dans l'amphithéâtre du cours paternel.

Il reproduisait par le dessin tout ce qui frappait son regard, et faisait tout passer sous son crayon. Il ne reculait devant aucune difficulté ; sa main était déjà habile, son œil voyait bien ; on devine en lui quelque chose de l'artiste qui comprend et qui sent.

M. le Dr Ernest Lafont (de Bayonne), qui a été élevé avec Regnault, m'a raconté une anecdote qui doit trouver place ici, et qui montre combien Regnault, même à l'âge de huit ou neuf ans, savait déjà voir juste et vite.

Un jour, chez Troyon, qu'il était allé voir avec un parent, H. Regnault regarda dans l'atelier du peintre un de ses admirables tableaux d'animaux. Il l'examina avec attention, et, tout à coup, il dit à l'artiste : « Dites donc, Troyon, voilà un bœuf qui ne se tient pas debout. » — « Comment, fit l'artiste en riant, tu veux me donner une leçon ? » — « Non pas à vous, mais à votre bœuf qui ne se tient pas droit. » Troyon regarda de plus près, il reconnut la justesse de l'observation, et il ne manqua pas d'en faire son profit.

[1] La plus grande partie de ces croquis sont encore en la possession de la bonne de Henri Regnault, Mme Tissier, qui a pris soin de son enfance, et qui ne parle de « Monsieur Henri » que les larmes aux yeux. — « Pour moi, me disait-elle, c'était comme mon fils, et pour lui, nous n'étions pas des domestiques. »

Regnault devint même sculpteur. A l'âge de 12 ans, il modela en terre glaise un cheval qui figura longtemps dans le salon de son père au Collége de France. Regnault conservera toujours cette passion pour le cheval, soit comme sujet d'étude, soit comme exercice favori ; mais je crois que ce fut là son seul essai de sculpture ; le dessin et la peinture absorbent désormais toute sa pensée.

Regnault fut mon condisciple dans une chère maison qui avait nom alors « Lycée Napoléon, » et qu'un de nos maîtres appelait déjà un « Lycée d'artistes. » Notre pauvre ami était un de ceux qui devaient le mieux justifier ce glorieux sobriquet.

Il ne faudrait pas croire cependant que, suivant un usage trop répandu, Regnault méconnût la haute valeur des études littéraires, et jugeât que pour être peintre il n'était besoin ni du grec, ni du latin, ni même du français : le vers latin l'attirait, au contraire, comme une occasion de développer les brillantes qualités de son imagination ; il fut, on peut le dire, un élève distingué : il eut même quelque succès au Concours général.

Mais il avait adopté le dessin comme sa langue et semblait y trouver un moyen toujours facile et toujours fidèle d'exprimer sa pensée ; de même Ovide ne pouvait parler qu'en vers :

> Quidquid tentabam scribere versus erat.

Chez Regnault, tout se tournait en harmonie de lignes et de couleurs.

Chaque fois qu'étudiant l'histoire, il rencontrait

une scène qui l'empoignait, il la dessinait du bout de la plume. Il dessinait partout, sur ses cahiers, sur ses dictionnaires, sur ceux de ses voisins, sur les tables, sur les murs.

En quatrième, on expliquait du Quinte-Curce; on en était à la bataille d'Arbelles : H. Regnault suivait, non sur le texte, mais dans son esprit, le pénible mot à mot d'un camarade, et il traduisait à son tour le récit de l'historien sous la forme qui lui était déjà familière : il dessinait la *Bataille d'Arbelles*.

Ailleurs, notre professeur d'histoire, M. V. Duruy, avait remplacé les fastidieuses rédactions par des narrations, qui devaient être des exercices de composition et de style, et il avait désigné à Regnault, comme sujet, *la Mort de Vitellius*. Regnault traita la question et fit son devoir, ainsi que l'on dit dans la langue des lycéens : mais sa copie était un magnifique dessin à la plume. — « Je voudrais bien vivre encore vingt ans, disait M. Duruy, pour voir ce que vous ferez alors. »

En 1854, 1855 et 1856, H. Regnault dessina au fusain et au crayon trois grandes compositions : la *bataille d'Issus* [1], la *bataille d'Arbelles* [2] et la *bataille de Rocroy* [3]; ces compositions un peu théâtrales ne sont pas irréprochables ; dans certaines parties on peut relever facilement des fautes de né-

---

[1] Exposition des œuvres de Henri Regnault à l'École des Beaux-Arts, Catalogue, n° 130.
[2] C'est une reproduction, très-développée, du croquis ébauché en classe. Exposition, n° 131.
[3] Exposition, n° 132.

gligence, d'ignorance même; mais si la main est encore inhabile, l'esprit fait déjà preuve de volonté et dans sa témérité présomptueuse le jeune artiste ne redoute pas le danger dont il n'a pas conscience; il a laissé courir son crayon presque au hasard et il a trouvé, sans les chercher, des arrangements faciles et ingénieux, des effets puissants et imprévus; il a fait manœuvrer ses personnages qui se heurtent, qui s'agitent, qui vivent; il a montré des qualités soudaines de fougue, de verve, d'imagination, de mouvement, de vigueur et d'originalité qui rappellent un peu Lebrun et Horace Vernet et qui promettent un peintre d'histoire.

Dans des genres plus humbles et avec de plus modestes visées, Henri Regnault saisissait à merveille le côté caractéristique d'une figure de camarade ou de professeur, et cela en deux coups de plume : ce n'étaient pas des caricatures, c'étaient des portraits, ou des scènes.

Nous admirions ce que Regnault considérait comme des barbouillages, et notre enthousiasme n'était pas désintéressé.

Ses camarades se souviennent que *le Petit Regnault*, ainsi qu'on l'appelait dans ce temps-là, portait toujours avec lui, en classe, — surtout à la classe d'anglais qui avait le mérite tout particulier de lui créer des loisirs et de lui souffler des inspirations, — en récréation et même au réfectoire, un crayon et un album, ou, mieux encore, des feuilles volantes, qu'il se laissait prendre ou qu'il donnait facilement.

M. Elie Sorin [1] raconte qu'un grand garçon de robuste encolure força un jour Regnault, sous peine d'être puni à coups de poing, de lui dessiner, séance tenante, un croquis à la plume, que Regnault dut s'exécuter et qu'en trois traits il satisfit à cette singulière commande. Je ne connais pas ce fait, et je serais bien tenté de le nier, tant à cette époque la grâce un peu chétive et le génie précoce de Regnault nous inspiraient de respect et d'admiration.

Ils sont nombreux les dessins qu'il laissa tomber de son crayon dans cette période, soit par devoir, soit par plaisir.

Nous avons vu de lui des copies d'après les académies, des études d'après la bosse et nous conservons entre autres un *Jésus* d'après Raphaël.

Notre condisciple et ami, Tito Nicora, possède quatre dessins qui, d'après ses souvenirs, datent de 1858.

Les deux premiers sont des croquis à la mine de plomb : l'un représente un chasseur avec son chien en arrêt devant un groupe de perdrix; l'autre, une chèvre en compagnie d'un chevreau gambadant follement dans l'herbe.

« Ici et là, dit Paul Mantz [2], on peut constater une certaine recherche du mouvement, mais le caractère est nul. Qu'est-ce à dire? sinon que le dessin est comme tous les langages, et qu'il faut, avant de s'en servir, avoir appris à le parler.

---

[1] Elie Sorin, *Les Martyrs du Siége de Paris*. Paris, 1872, p. 79.
[2] Paul Mantz, *Gaz. des Beaux-Arts,* janv. 1872.

« Les deux autres croquis de l'album de M. Nicora sont des compositions à la plume, touchantes tentatives d'un écolier condamné au régime classique.

« Dans le premier de ces dessins, Regnault a figuré le *combat d'Horace et de Curiace ;* au fond, deux guerriers qui accourent. L'ensemble est poncif et banal. Les Romains de Regnault sont costumés et armés à l'ancienne mode, à la façon de Brenet et de Le Barbier.

« Le dernier dessin est déjà plus fort. C'est Ulysse, déguisé en mendiant et accroupi auprès du foyer où personne ne le reconnaît encore. La notion archéologique se montre tout à fait élémentaire dans le mobilier et les accessoires. Une véritable marmite est suspendue à une cremaillère au-dessus des bûches enflammées, et l'âtre se décore de deux chenets gigantesques qui sont pareils à des landiers du moyen âge. Mais ici le maniement de la plume est presque habile ; partout sont visibles le désir d'exprimer et les intentions de l'artiste ; la tête d'Ulysse, sérieuse et recueillie, est conçue dans un sentiment assez individuel ; on n'a plus affaire à un enfant dans cette traduction familière d'une page de l'*Odyssée.* »

Je trouve M. Paul Mantz bien sévère, et je serais tenté de lui reprocher de n'avoir pas signalé dans le dessin d'*Horace et Curiace* la connaissance anatomique qui perce sous le vêtement, et dans le dessin d'*Ulysse* le sentiment de la vive lumière que projette le foyer sur tout un côté du personnage, tandis que l'autre reste dans l'ombre.

Parmi les heureux camarades de Henri Regnault, qui ont conservé avec lui de bonnes relations et qui aujourd'hui ont entre les mains de précieux souvenirs, je n'aurai garde d'oublier M. Henri Rendu, qui a bien voulu me faire jouir du spectacle des merveilles qu'il possède : c'est une suite de 35 dessins, qui ont été faits au crayon ou à la plume, vers 1857, 1858 et 1859, et qui révèlent une fois de plus la verve prodigieuse, l'étonnante facilité de notre ami : il y a des portraits de condisciples (M. *Henri Rendu*, M. *Desiles*, M. *Archambault*), le portrait de l'artiste, des animaux (chiens, chevaux, oiseaux), des marines, des scènes de la vie rustique (*bœufs au joug, un meunier normand à âne*), des souvenirs de la mythologie (*Diane*), de l'antiquité grecque et romaine (*Épisode de la vie de Catilina* d'après Plutarque, *Démosthène et Cicéron*), ou de la réalité moderne (les *Équilibristes du Cirque*), etc. J'en passe, et des meilleurs.

Quelques-uns cependant méritent une mention spéciale :

Les *Horaces et les Curiaces* : c'est un dessin au crayon qui est une variante du dessin à la plume possédé par Tito Nicora; mais il est plus important, il montre, non plus le dernier des Horaces luttant avec le plus valide des Curiaces, mais bien les trois groupes aux prises; les chances du côté des Horaces faiblissent, deux sont déjà renversés, un seul lutte avec énergie et avec succès; c'est le moment où il va feindre la fuite. On sent qu'il n'y a pas là seulement des costumes et des armes, mais que si on déshabillait ces bonshommes, on trouverait qu'ils s'appuient sur des reins bien cambrés, qu'il y a sous ces tuniques de vrais muscles et que le bras qui tient le bouclier ou l'épée est le bras d'un soldat romain et non d'un mannequin. De chaque côté, les armées, représentées par des groupes largement esquissés, assistent au combat.

Cacus et Hercule nous transporte en pleine mythologie. Hercule a pénétré dans l'antre du mont Aventin, il a renversé le géant, il l'a dompté, mais il n'en est pas encore maître : le monstre résiste, il vomit des tourbillons de flamme et de fumée et contracte tous ses muscles pour tenter un dernier effort. Le fond de l'antre est rempli par des accessoires tels que la génisse volée à Hercule, et la tête d'une victime humaine, pendue au rocher [1].

Une *Vache au pâturage* détaillée avec une finesse qui ferait prendre ce dessin à la plume pour une eau forte.

Un portrait de camarade, M. A., dont le pantalon est déchiré, dont la tunique est percée au coude et qui imite la pose d'un joueur de violon : on dirait un pouilleux de Murillo.

Deux *Lutteurs*, où l'on remarque un rare sentiment de la notion anatomique.

Un *Oiseau de Minerve* qui déploie ses ailes.

Deux *Marines* qui servent à marquer la distance entre les bateaux du Luxembourg (1850) et les études plus complètes qu'il a pu poursuivre

---

[1] Voyez Virgile, *Enéide*, livre VIII, vers 193.

au Tréport ou à Dieppe pendant ses vacances.

Une *Chasse au Cerf* où le cerf, la meute de chiens, les deux chasseurs à cheval sont savamment disposés, avec une science peu commune de la perspective.

Une *Chasse au chien d'arrêt*, qui reproduit très-exactement un des croquis à la mine de plomb que possède Tito Nicora, mais dans de plus grandes dimensions : l'artiste n'a peut-être pas encore beaucoup chassé lui-même, mais il lui a suffi d'un coup d'œil pour saisir et fixer la pose du chasseur inquiet et attentif, du chien qui suit la piste, et du gibier qui *marche à pied*.

En 1859, H. Regnault avait entrepris un poème épique [1], de même que nous avons tous entrepris et conduit plus ou moins à bien, une tragédie, une comédie ou un roman : mais son poème, c'était à la fois une suite de dessins, et une série de quatrains dans la langue de Virgile : il ne pouvait pas moins, pour un peintre fort.... en vers latins.

Rassurez vous : ce poème n'a que quatre pages :

La première page contient le frontispice et représente le *Père Balmelle*, avec sa calotte, ses cheveux

---

[1] Je dois à l'obligeance de M. Emile Magès la communication de cette pièce curieuse, et en outre le récit des aventures qu'elle a subies avant de tomber en ses mains.

C'était à la fin de l'année scolaire : on avait mis au pillage le tiroir d'un professeur, et l'on avait trouvé bien des objets confisqués pendant les classes : il y avait entre autres les dessins de Regnault, une boîte de plumes et une règle.

M. Magès eut dans sa part de butin la règle et la boîte de plumes, mais en digne fils d'artiste, il proposa à son complice plus positif un échange qui fut facilement accepté.

bouclés, ses lunettes, sa goutte au nez et sa tabatière :
il était professeur de septième au Lycée Napoléon, il
donnait en outre l'hospitalité chez lui à quelques
élèves particuliers, au nombre desquels était H. Regnault; il avait une manie toute particulière de vous
tirer les cheveux, aux endroits sensibles, près des
tempes et sous la nuque, manie dont tous ceux qui
ont été ses élèves se souviendront. Dans le dessin, il
déploie une grande pancarte sur laquelle on peut lire
le titre complet et exact du poëme, calligraphié par
H. Regnault : *La guilmotropie ou l'histoire d'un
nouveau misanthrope racontée dans un poème épique et illustrée d'une multitude de gravures par
H. Regnault, son condisciple. Publié en* 1859 [1].

La deuxième page contient le titre d'entrée, où le
nom du poème est une variante du grand titre : *La
guillemotropie* (sic) et un portrait en pied du héros ;
la tête manque, faute de temps sans doute pour la
finir, mais on reconnaît un type de *potache* admirablement réussi, avec un mouvement de pantalon
superbe, avec des souliers comme nous en avons tous
porté, et surtout un bout de chemise passant entre
le gilet et le pantalon qui vaut tout un poëme : autour du portrait du héros se groupent, comme une
ronde d'anges, les portraits des quatre camarades de
Regnault chez M. Balmelle : l'un envoie un pied de

---

[1] Il paraît superflu de dire que c'était, ou plutôt ce devait
être, l'histoire d'un camarade de H. Regnault, dans le petit
pensionnat de M. Balmelle : le nom propre a été un peu
estropié dans la formation d'un mot, qui avait la prétention
de signifier : *La vie et les mœurs de G.....*

nez au héros; le second lui montre le poing; le troisième n'est que la tête très-légèrement esquissée de H. Regnault; le quatrième n'est représenté que par sa place vide; au dessus de ce groupe, domine un *pion* à lunettes, l'*alter ego* de M. Balmelle.

La troisième page représente le héros se rendant au collége : voici les vers qui accompagnent le dessin, et qui le décriront mieux que je ne le ferais moi-même.

> Non secus ac patriis acer Romanus in armis,
> Injusto sub fasce viam cùm carpit, hic omnes
> Sarcinulas retrahens, volat attamen ocior Euro,
> Verberat et terram sonipes...

Le mouvement de la course est très-remarquable : les deux pieds sont en l'air, et le héros de Regnault court sur les pavés, comme Camille sur les blés.

La quatrième page représente le noble et illustre jeu du *Combat des porte-plumes*. Lisez plutôt :

> « Humano ille canens cornu certamina, cæco
> Impete bellantes simul incitat : arma tenentes
> Infesta; hi properè concurrunt : exuit alter
> Alterum, et haud fuso finitur sanguine bellum.

Un détail : le pupitre est d'une correction achevée, comme pureté de lignes; c'est un chef-d'œuvre de menuiserie universitaire. H. Regnault s'attachait déjà beaucoup aux accessoires.

Ai-je besoin de dire que parmi ces vers, encadrés dans des réminiscences de Virgile et d'Horace, se trouvent quelques hémistiches bien frappés? En tout cas, je ne crois pas inutile, pour mes lecteurs et surtout mes lectrices, d'en donner une traduction que je dois à la plume élégante de M. Ch. Meaux St-Marc :

> Tel, d'armes surchargé, le belliqueux Romain,
> Pour la grandeur de Rome, affronte un long chemin.
> Plus léger que le vent, il s'avance intrépide,
> Les quatre fers en l'air, comme un coursier rapide.
>
> Sa bouche aux fiers combats animant leur courage,
> Les deux lutteurs fougueux, pleins d'une aveugle rage,
> S'élancent.... et bientôt, abattu, désolé,
> L'un d'eux tombe : ô bonheur ! le sang n'a pas coulé.

Vers la même époque (1859), H. Regnault fit à la plume une dizaine d'illustrations, destinées à un André Chénier, pour un de nos condisciples, bibliophile en herbe, qui les habilla, comme elles le méritaient, en maroquin plein, et qui fit d'un volume de trois francs un bijou inappréciable. Nous ne savons pas ce qu'est devenu cet exemplaire unique d'André Chénier, non plus que les illustrations d'un Alfred de Musset, qui, je crois, ne furent pas poussées très-loin, non plus qu'un Pic de la Mirandole dont il couvrait les marges de miniatures enluminées, au dire de notre ami Tito Nicora.

Il poursuivait en même temps ses études et prenait volontiers pour modèles ses camarades : parmi les charmants crayons que nous avons vus de lui, nous citerons en particulier le *portrait de M. Gaston Briand* [1].

Au reste, M. H. Regnault avait déjà fait depuis plusieurs années son premier tableau à l'huile : c'est le *portrait de Mlle Marie Balmelle*, la fille de

---

[1] Dessin à la mine de plomb (23 juin 1859), appartient à M. L. Briand.

M. Balmelle, qui mourut à l'âge de 17 ou 18 ans, d'une maladie de poitrine, et qui avait inspiré à Regnault, alors âgé de 13 ou 14 ans, une véritable passion. Henri Regnault sollicita et obtint du père la permission de faire le portrait de cette jeune fille sur son lit de mort [1].

Je dois encore à M. le Dr Ernest Lafont quelques détails intéressants sur cette époque de la vie de Henri Regnault, et je me fais un plaisir de citer un fragment de la lettre qu'il a bien voulu m'adresser à ce sujet :

« Nature exubérante et pleine d'imagination, Henri était à 14 ans comme Chérubin; il aimait toutes les femmes, et il ne se faisait point tirer l'oreille pour composer des sonnets amoureux.

« Musset était alors son poëte favori : il en savait un grand nombre de poésies, et celles qu'il affectionnait particulièrement étaient les poésies délicates et amoureuses. Je me souviens qu'il m'a dit bien souvent la poésie dédiée à Ninon :

> Si je vous le disais, pourtant que je vous aime,
> Qui sait ?

« Il récitait du reste fort bien les vers, avec beaucoup de sentiment et de charme.

« Et à ce propos, je vous dirai qu'un jour, devant

---

[1] Si mes souvenirs me servent bien, ce devait être un tableau à l'huile ; selon M. le docteur Ernest Lafont, ce ne serait qu'un crayon. Qu'est devenu ce portrait ? Je ne sais : M. Balmelle a quitté Paris peu de temps après la mort de sa fille, il s'est retiré à Saint Symphorien, près de Tours ; il est mort depuis. Je n'ai pu trouver aucun autre renseignement.

quelques personnes, on le pria de dire quelque poésie. Il avait alors de 14 à 15 ans. Il répondit qu'il ne savait pour le moment qu'une pièce de vers fort triste et qu'il ne voulait point ennuyer son auditoire. Enfin sur l'insistance qu'on y mettait, il prit un air langoureux et annonça, la main sur le cœur : *Les adieux touchants d'un poëte à sa lyre;* chacun prenait un air de circonstance pour écouter une poésie aussi tristement annoncée, quand on entendit ces mots :

Luth,
Zut!

« Ce fut tout, et il salua son auditoire. C'était une gaminerie, mais tout cela avait été si bien amené qu'on ne put s'empêcher de rire.

« Notez bien, que ce que je vous dis de lui se rapporte à l'âge de 12 à 15 ans, lorsque nous étions encore des enfants, et il ne faudrait pas croire que son caractère de jeune homme a été le même. »

C'est en 1860 que se place, dans l'œuvre de Regnault, une aquarelle que je possède (elle porte la date du 29 novembre), et qui révèle un côté de la prodigieuse facilité de son talent.

Regnault peignait une aquarelle pour un éventail et venait de jeter l'eau qui se trouvait dans le verre où il lavait ses pinceaux; il ne restait plus qu'un peu de boue sale tombée au fond du verre, — lorsque j'entrai chez lui. Tout en causant, il reprit un pinceau et, après l'avoir trempé dans ce résidu multicolore, il le promena machinalement sur une feuille de papier qu'il avait devant lui ; au bout de quelques instants, il y avait là un mendiant et son chien : un peu de bleu pour la blouse, un peu de rouge pour les chairs, suffirent à compléter cette aquarelle largement mais grassement traitée, — lorsque je lui manifestai le désir de conserver ce souvenir. C'était un procédé de Goya qu'il retrouvait, sans connaître sans doute l'auteur des *Caprichos*.

C'est encore ici que prennent rang, dans l'ordre chronologique, quelques dessins à la plume, dont l'un, reproduit à la fin de cette notice, avec une rare fidélité, par le procédé de l'héliogravure, a pour titre : *les Chiens savants*. Selon M. Paul Mantz, ce dessin, qui rappelle un peu la manière de Charlet, est dépourvu d'originalité, et ne trahit un peu d'accent individuel que dans les trois personnages qui se tiennent debout au second plan. Pour un croquis fait en se jouant, la critique nous paraît un peu sévère.

Nous possédons en outre quatre autres dessins à la plume qui portent la signature de notre ami :

C'est une *Etude de cheval de course*, franchissant la barrière; le jockey est bien assis; le cheval, le cou tendu, lance hardiment ses jambes de devant, et ramasse l'arrière-train.

C'est une *Vue de bains froids.... pour Dames*, vue prise en pleine eau, aux environs d'Asnières ou de Chatou : il y a là un sentiment chaste et gracieux, qui en fait presque une scène antique : on croirait voir Nausicaa et ses compagnes.

C'est une *Etude de jeunes femmes* qui, d'une main timide, relèvent le coin de leur robe à volants pour faire une révérence ou pour danser un quadrille : on dirait un dessin de modes, tant il y a de précision dans les détails de l'ajustement.

Enfin, c'est une scène intime que nous appellerons volontiers : *Tendres aveux*. Un jeune couple suit l'allée d'un parc, par une belle matinée de printemps, et rapporte à la maison une ample moisson de fleurs nouvelles. Il est beau, elle est charmante; il est distingué, elle est élégante; il porte un riche habit, elle est vêtue d'une robe aux plis coquettement drapés; il s'incline d'un air galant, elle passe discrètement le bras sous son bras; il lui presse la main de sa main, elle s'abandonne timidement; il lui dit tout bas quelques mots d'amour, et laisse le sourire de ses yeux dire le reste, elle écoute surprise et charmée. Dans cette petite scène d'une grande fraîcheur de sentiment, d'une remarquable finesse de dessin, respire le bonheur.

II

En 1861, au sortir du lycée, H. Regnault devint élève de l'Ecole des Beaux-Arts : il avait demandé, dit-on, des conseils à Troyon, qui, lui aussi, fut un des glorieux enfants de la manufacture de Sèvres, et à Hipp. Flandrin ; il reçut quelques leçons de M. Jeanmaire et d'un ami de son père, M. Montfort, puis il fut admis dans l'atelier de M. Louis Lamothe, élève lui-même de H. Flandrin et de Ingres ; enfin, en 1865, il entra dans l'atelier de M. Cabanel — qu'il suivait du reste avec assez d'irrégularité.

Les manières singulièrement différentes de ses trois derniers maîtres n'expliquent guère le caractère de son talent.

« M. Montfort, dit M. Paul Mantz [1], peignait sans beaucoup d'éclat des scènes orientales. M. Louis Lamothe, qui avait toutes les apparences d'un peintre austère, était en réalité un peintre ennuyé, un Flandrin poussé au gris. Quant à M. Cabanel, il est fort

[1] Paul Mantz, *Gaz. des Beaux-Arts;* janv. 1872, p. 69.

connu. Les pinacographes futurs s'étonneront que ces trois maîtres associés aient pu produire Regnault. Nous n'essayerons pas d'expliquer ce mystère. Du moment que Delacroix est l'élève de Guérin, tout est possible. Les modernes sont des insurgés; dès qu'ils entrent dans une école, c'est pour apprendre exactement le contraire de ce qu'on y enseigne. »

Quant à moi, je crois que Regnault s'est formé lui-même : les maîtres lui ont *fait la patte*, comme on dit en argot d'atelier, mais voilà tout ce qu'ils lui ont appris.

Il n'ira d'ailleurs que rarement à l'Ecole des Beaux-Arts, et presque uniquement à l'occasion des Concours. Il préférait les modestes ateliers que son père lui installa successivement à Sèvres et à Paris, rue d'Enfer d'abord, puis rue Lafayette, où il vivait avec son ami M. Édouard Blanchard. Entre la nature et lui, il ne voulait pas d'intermédiaire.

En 1861, Henri Regnault — il avait 17 ans, — fit son *portrait*, en tenue d'atelier [1], le *portrait de M. Riocreux* [2], conservateur du Musée céramique de la manufacture de Sèvres, et un paysage, *Entrée des carrières à la manufacture de Sèvres* [3].

Tout en se livrant à l'étude de l'art qui avait été jusqu'alors son unique passion et qui devait faire sa gloire, Regnault s'était épris d'un gout très vif pour la musique : il aimait l'harmonie des couleurs et

---

[1] Tableau à l'huile. E., n° 1.
[2] Tableau à l'huile. E., n° 2.
[3] Tableau à l'huile. E., n° 17.

celle des sons ; mais, en musique comme en peinture, il ne montrait guère de parti pris pour telle ou telle école : il cherchait le beau partout, et il jouissait du plaisir de le trouver.

Il aimait la musique du xvie siècle, avec son caractère naïf et ses formes un peu archaïques.

Il aimait Rossini : et quelles bonnes soirées nous avons passées ensemble au parterre des Italiens, — alors qu'il y avait un parterre — à entendre l'Alboni dans la *Gazza Ladra* ou dans *Semiramide*.

Il aimait aussi Gounod et Camille Saint-Saëns, avec lesquels il était lié par une vive sympathie.

En outre, il était un des plus fanatiques partisans de Richard Wagner : il ne se doutait pas alors qu'une balle prussienne dans la tête serait la récompense du sot enthousiasme que nous avons tous professé pour l'Allemagne.

Enfin, la nature l'avait doté d'une voix délicieuse de ténor, nous l'avons souvent entendu chanter, avec la méthode d'un grand artiste, de vieilles romances ou de vieux airs d'église, des fragments inédits des opéras de Gounod ou des messes de Saint-Saëns; car il ne croyait pas que l'artiste dût jamais se contenter de jouer un rôle purement passif : il pensait que *art* veut dire *création*.

Passionné pour les exercices du corps, il se livrait avec ardeur à la gymnastique, il aimait la chasse, les voyages, l'équitation ; en un mot, il cherchait dans le mouvement la satisfaction à donner à son tempérament ardent, fougueux même.

En 1862, H. Regnault fit deux *portraits de*

M. Biot, le premier, alors que l'illustre savant, membre de trois classes de l'Institut, étonnait encore le monde par sa verte vieillesse [1], le second, sur son lit de mort, le 3 février 1862 [2].

En 1862, H. Regnault concourut pour le prix de Rome et, pour la première fois, il entra en loge : il se retira du monde, comme il disait, du 24 avril au 12 août.

Le sujet à traiter était : *Véturie aux pieds de Coriolan*. Il avait fait une œuvre digne assurément d'obtenir le premier rang ; et si je dis cela, ce n'est pas une phrase banale dictée par l'amitié, je sais que c'était l'opinion d'un juge éminent en matière de critique d'art, de Théophile Gautier, qui avait bien jugé Regnault, qui avait foi dans ses brillantes destinées, qui n'en parlait qu'avec admiration, et qui ne put retenir ses larmes, lorsqu'il apprit sa mort. On y trouve déjà une couleur très-belle et très-riche, bien qu'un peu crue, on y remarque une certaine ingéniosité qui renouvelle les détails convenus de l'archéologie romaine et surtout une grande originalité dans la façon dont il a compris et rendu le rôle des enfants. Mais le tableau avait un grand défaut : c'était d'être signé par un peintre de dix huit ans et demi, et aucun prix ne fut décerné. Regnault eut seulement une mention.

Cet échec immérité attrista H. Regnault : aussi l'année suivante, ni sa famille ni ses amis ne purent le décider à entrer en loge.

[1] Esquisse à l'huile. E. n° 21.
[2] Dessin au crayon. E. n° 190.

Alors Regnault hésite sur sa voie ; il change un instant le cours de ses premières idées ; il se fait sage ; admirateur de Flandrin pour lequel il professait un culte de néophyte, il étudie, il apprend le dessin, il peint des portraits que pourrait signer un classique, et s'il renonce à la consécration officielle de son talent, il se présente comme en appel devant le public, il expose au Salon de 1864 [1] le *Portrait de R. Portalis*, son ami, et un *Portrait de Mlle G. Fermié*, plus connu sous le nom de *Portrait de la jeune fille rousse*, qui ne passèrent pas inaperçus.

Mais ce n'était là qu'une tendance passagère.

Chassez le naturel, il revient au galop.

Le tempérament reprend le dessus ; la vie, la couleur, le mouvement l'emportent, et Regnault cherche à compléter son éducation dans la voie nouvelle qu'il se décide à suivre.

Il ne se lassait pas d'étudier et il prenait ses modèles partout où il les trouvait ; c'est à cette époque (1863 et 1864) qu'il faut rapporter des études faites, soit au jardin des Plantes [2], (lions, tigres, chiens, oiseaux, plantes), soit au haras de Meudon [3], (chiens,

---

[1] Livret du Salon, n°s 1609 et 1610.

[2] *Étude de lions*, 1863. Tableau à l'huile, E. n° 29. — *Étude de tigres* 1863. Tableau à l'huile, E. n° 30. — *Étude de tigre*, 1863. Tableau à l'huile, E. n° 31. — *Dix études d'animaux divers*. Dessins, 1863, E. n° 133 à 142. — *Douze études d'après les lions et les tigres*, dans leurs poses diverses. Dessins, 1863 et 1864, E. n° 147 à 158 ; V., n° 53 à 65.

[3] *Cheval arabe*. Tableau à l'huile, 1863, E. n° 22 ; V., n° 1, 1550 fr. — *Huit études sur les chiens de chasse à courre*. Dessins à la mine de plomb. 1863, E. n° 159 à 166 ; V. n°s 66 à 74.

chevaux), soit au Val-de-Grâce; il y a là dans une série de dessins et d'aquarelles, un nouveau témoignage de la conscience de l'artiste : il faisait et refaisait nombre de fois une tête, un membre, une ligne qu'il croyait n'avoir pas bien rendu. On sent qu'il poursuit une idée, qu'il étudie le caractère d'un mouvement et il ne s'arrête qu'après l'avoir trouvé.

Un chef-d'œuvre, c'est l'étonnante aquarelle qui représente une *tête de soldat mort au Val de Grâce* [1]. La tête coupée est suspendue par les cheveux, avec ses oreilles sanguinolentes, ses yeux fermés, sa bouche entr'ouverte, son grand front taché de reflets livides : elle fait peur, tant elle est vraie.

Il faut aussi admirer des papillons peints comme par un miniaturiste.

H. Regnault fit, à la même époque, le *portrait de M. le baron de P.* [2], et une vue des *environs de Bourganeuf* (Creuse) [3].

En 1864, lorsque, encouragé par le bon accueil que le public lui avait fait, il revint au désir de concourir pour le prix de Rome, la maladie, une fièvre typhoïde, lui rendit tout travail impossible.

En 1865, Regnault concourt de nouveau pour le prix de Rome : le sujet donné était : *Orphée aux enfers*. On remarquait déjà dans cette œuvre un vif sentiment de la couleur et de l'effet, une habileté instinctive à déduire l'harmonie de l'énergie même, de la valeur caractéristique des tons, et quant au

---

[1] Aquarelle, 1864, E. n° 80, appartient à M. G. Clairin.
[2] Tableau à l'huile, E. n° 4, appartient à M. de Portalis.
[3] Tableau à l'huile, E. n° 16.

dessin, une aisance et une souplesse dégénérant souvent en négligence ou en incorrection, mais souvent aussi pleines de charme. Il y avait surtout dans la figure de Proserpine une beauté grandiose et farouche, dans les sombres souterrains des lueurs étranges. Ce n'est plus l'artiste timide, le disciple fidèle des traditions : une métamorphose s'est opérée, le coloriste se révèle. Néanmoins Regnault n'eut pas encore le prix.

Il continuait ses études, sans trop se laisser décourager, et de cette époque datent l'*Hallali du cerf* [1], des *Études de chiens* [2], les *Études sur un Paon* [3], et le croquis d'une page d'histoire, les *adieux de Germanicus* [4].

En 1866, Regnault se présenta pour la troisième fois au concours du prix de Rome [5] : il remporta le prix avec son tableau de : *Thétis apporte à Achille les armes forgées par Vulcain*. Il avait fait l'esquisse en 36 heures, et avait 70 jours pour peindre le tableau : il se mit avec ardeur au travail, mais l'inspiration ne venait pas; il n'avait plus que deux semaines avant la clôture du concours et il se décourageait.

---

[1] Tableau à l'huile, esquisse, 1865, E. n° 23.
[2] *Étude de chien*. Peinture à l'huile, 1865, E. n° 24 ; V., n° 2, 1000 fr. — *Chien de chasse*. Peinture à l'huile, 1865, E. n° 25, appartient à M. Jacot. — *Watch*, chien courant du chenil de Meudon. Peinture à l'huile, 1865, E. n° 26 ; V. n° 3, 3,100 fr., appartient à M. Arthur de Rothschild.
[3] Peinture, 1866, E. n° 20; V., n° 150, 1,200 fr.
[4] Croquis à la plume, 1865, E. n° 191.
[5] Il occupait la loge n° 2.

« Un soir, dit M. Timbal [1], chez un de ses amis, il rencontre une jeune femme d'une beauté rare et étrange, douée d'une merveilleuse aptitude pour la musique : Regnault était lui-même excellent musicien.... Cette soirée, passée dans les plus douces jouissances de l'art, lui fit une impression profonde. Le lendemain il court à sa loge : sa tête est en feu, un souvenir le possède; il bouleverse son tableau, le retourne dans le sens de la largeur, il ne reste plus que quinze jours, mais que lui importe? Il a le temps nécessaire, puisqu'il sait maintenant ce qu'il veut, l'exécution n'arrêtera pas sa main, et, le soir même, rencontrant un de ses amis, il se jette dans ses bras : « J'aurai le prix, s'écrie-t-il, je le tiens, je viens de commencer mon tableau ! »

Les quelques modifications apportées par l'auteur à son œuvre, faillirent, à la demande de quelques juges rigides, le faire exclure du concours... Mais le grand reproche qu'on lui adressait, c'est qu'il était sorti de loge deux jours avant la fin du concours, — pour aller chanter dans un concert.

Quoi qu'il en soit, il obtint le premier grand prix [2].

« Ce n'est pas peint, c'est jeté, » disait un des juges du concours, en étudiant cette toile, qui lui faisait pressentir qu'un grand peintre s'était révélé.

On a beaucoup remarqué dans ce tableau la finesse de la composition.

---

[1] Timbal, *le Français*, 21 mars 1872.
[2] Ce tableau, comme tous les prix de Rome, demeure la propriété de l'État et est exposé au musée de l'École des Beaux-Arts. — E. n° 5.

Achille en proie à un accès de rage antique tient embrassé dans ses bras le cadavre de Patrocle; son torse se dresse vigoureux, sa chevelure noire et abondante se hérisse, sa tête fortement musclée respire la fureur plus encore que la douleur; Achille jure de venger la mort de son ami et rugit comme un lion blessé. On y a vu un portrait du peintre. Pauvre ami ! oui, Achille, c'était bien toi, et à ton tour, comme lui, tu devais mourir, jeune d'années et déjà chargé de gloire.

Comme pour faire contraste, Thétis, debout à l'entrée de la tente où son fils s'est retiré, Thétis apparaît, pleine d'une élégance sérieuse, d'une majesté superbe, comme il convient à une déesse, elle est peut-être un peu grande pour les dimensions du cadre : mais en tout cas, elle est charmante. Bien campée, elle tient d'une main le rideau soulevé qui laisse voir la mer bleue et un coin du ciel, de l'autre elle présente le casque ciselé par l'armurier divin : c'est un bijou, comme dessin, comme couleur : préoccupé du détail ornemental, le peintre s'est appliqué à en faire une merveille, comme pour se préparer à peindre le bassin qui repose sur les genoux de *Salomé*.

« Une coquetterie suprême a présidé à la toilette de Thétis. Un ruban noir s'enroule dans ses cheveux cendrés et répète harmonieusement la note de son noir sourcil. Les bras et le haut du torse sont nus ; une ceinture bleue dessine sa taille ; sa robe est d'un gris violacé, clair dans les lumières, foncé dans les parties inférieures qu'enveloppe la pénombre. Une draperie, de cette nuance délicate qui va du saumon à l'orangé, complète l'ajustement de la déesse et accentue selon les exigences de l'art le plus savant, les bleus de la ceinture et l'azur du lointain paysage. Ainsi pour la combinaison des couleurs, cette figure de Thétis et toute cette portion du tableau appartiennent à l'ordre des choses raffinées et exquises ; au point de vue de l'attitude et de la désinvolture, la Thétis de Regnault semble, dans son élégante sveltesse, descendue d'un bas-relief de la renaissance [1]. »

Un autre accessoire à noter, c'est la peau de tigre qui recouvre la couche sur laquelle est étendu Patrocle.

Ce tableau est le dernier acte de la lutte qui se livra dans l'esprit de Regnault, entre ses deux manières : Achille et Patrocle, vigoureux et énergiques, mais sans distinction, sont presque des figures d'école, Thétis est plus vivante : l'auteur a mis dans le ton général du tableau une sombre et farouche énergie, une solidité et une vigueur de coloris pleines d'habiles harmonies et de contrastes ingénieux : il laisse éclater son tempérament de feu.

Le salon de 1866 se ressentit du concours de Rome et H. Regnault n'y prit pas part. Il faut cependant placer à cette date, dans son œuvre, une vaste toile représentant la *mise au tombeau du Christ*, qui était toujours restée à l'état d'ébauche et qui a été détruite à Sèvres, pendant la guerre : il n'en reste que onze études au crayon [2] et une étude à l'huile que je possède.

---

[1] Paul Mantz, *Gaz. des Beaux-Arts*; janv. 1872, p. 70.
[2] E. n° 168 à 178 ; V. n° 76 à 87.

En 1866, il entreprit en Normandie et en Bretagne un voyage d'étude [1] qui fut brusquement interrompu par la mort de sa mère; peu après il perdit une grand' tante, Madame veuve F. Mazois, dont il fit le portrait [2] sur son lit de mort (21 octobre 1866). Ce double deuil lui produisit une vive impression : « On meurt vite dans notre famille, disait-il, il faut se hâter de produire. »

[1] *Environs de Douarnenez (Finistère)*. Peinture, E. n° 6. — *Environs de Veules (Normandie)*. Peinture, E. n° 7. — *Environs de Douarnenez*. Peinture, E. n° 8. — *Rocher sur les côtes du Finistère*. Peinture, E. n° 10; V. n° 150, 1,050 fr. — *Soleil couchant en Bretagne*. Peinture, E. n° 11. — *Falaise de Veules*. Peinture, E. n° 12. — *Plage de Veules*. Peinture, E. n° 13. — *Environs de la Pointe-du-Raz (Finistère)*. Peinture, E. n° 14. — *Environs de Douarnenez*. Peinture, E. n° 15. — *Pêcheur breton sur un rocher au bord de la mer*. Peinture, E. n° 18. — *Brûleuses de varechs sur les côtes du Finistère*. Aquarelle, E. n° 81, appartient à M. Jadin. — *Environs de la Pointe-du-Raz*. Aquarelle, E. n° 82. — *Vues prises sur les côtes du Finistère, entre Douarnenez et la Pointe-du-Raz*, dix grandes études au crayon noir, E. n° 179 à 188. — *Portrait au crayon d'un paysan breton*, E. n° 189. — *Paysan breton*, crayon noir, E. n° 192.

[2] Peinture, E. n° 3.

III

Le 2 mars 1867, H. Regnault partit pour la villa Médici par Marseille et la route de la Corniche. Gênes le laissa froid; Florence le séduisit peu : la patrie de Cimabué et d'André del Sarto le frappa surtout par son austérité; Venise, qu'il ne fit que traverser, il est vrai, en 1868, ne lui sembla pas assez lumineuse, pour lui qui rêvait l'Orient; quant à Rome, il ne s'y plut jamais.

Les grands spectacles de l'art sévère le touchèrent médiocrement; il éprouva une déception, lui à qui il ne fallait rien de banal, rien de convenu; il se sentit comme dépaysé devant les éternels chefs-d'œuvre de l'art ancien et de l'art moderne.

Pendant son premier séjour, il ne peint ni ne dessine; il parcourt les églises, les monuments, les musées : il admire certaines fresques de Raphaël et il est comme anéanti par le plafond de la Chapelle Sixtine. Voici ce qu'il écrivait, à ce sujet, à son ami, M. Arthur Duparc [1] :

---

[1] A. Duparc, le Correspondant, 1872, p. 1147.

« Michel Ange me cause un sentiment d'admiration et
« d'étonnement tellement étrange, que je me demande si ce
« n'est pas de la peur.... je ne me sens pas le courage de
« l'aborder. Je pressens même qu'il me ferait plus de mal que
« de bien et je me contente de lui rendre un culte contem-
« platif. »

Sa vie se passait à faire des portraits, au crayon noir, qui étaient ensuite lithographiés; à préparer quelquefois ses envois réglementaires, à courir la campagne romaine plus encore que les musées, et surtout à monter à cheval.

Il avait la passion des chevaux, comme Géricault, comme Vernet, et lui qui en peinture, s'il ne cherchait pas les difficultés à plaisir, savait du moins toujours les vaincre sans s'y laisser arrêter pour réaliser son œuvre, hardi cavalier, il choisissait de préférence les chevaux indociles ou rétifs : si bien qu'un jour il faillit périr victime d'une imprudence : le pinceau à la main, il n'était qu'audacieux : à cheval, il poussait l'audace jusqu'à la témérité.

Mais l'artiste retrouvait encore ses droits dans cette passion : car il étudiait avec amour le mouvement et le dessin intérieur de ses modèles.

Au salon de 1867, H. Regnault n'envoya que deux panneaux décoratifs représentant des natures mortes; l'un signé de lui seul [1] se distingue par deux lévriers noirs, et des perroquets multicolores; l'autre avait été exécuté en collaboration avec M. Georges Clairin et M. Edouard Blanchard [2] : tous deux, des-

---

[1] Livret du salon, n° 1257, E. n° 9; V. n° 9, 25,000 fr., appartient à M. le baron G. de Rothschild.
[2] Livret du salon, n° 153.

tinés à la salle à manger du château de M. B. en Normandie, frappèrent les connaisseurs par un grand air d'élégance, par les qualités charmantes du coloris, par l'accent souple et ferme de l'exécution.

H. Regnault fit encore, à la même époque, d'autres panneaux décoratifs : l'un représente un chevreuil, des lièvres, etc. [1]; les deux autres, étroits et très-hauts [2], de forme assez ingrate, sont disposés avec une ingénieuse habileté. Pour varier son thème, dans le second panneau, l'artiste a ouvert de biais un large espace vide, et y a placé obliquement un lit de chêne sculpté.

En 1867, il va à Naples, qu'il quitte bientôt fuyant devant la fièvre et il revient à Rome.

C'est à ce moment que se place le singulier épisode de son faux assassinat, qui porta la consternation dans le cœur de tous les amis de Henri Regnault.

Ce bruit n'a eu pour origine qu'une farce d'atelier. C'est à Paris, pendant un concours, qu'un des élèves s'amusa à dire à un camarade : « Jamais, je ne voudrais avoir le prix et aller à Rome, pour m'y faire assassiner comme Regnault. »

Cette plaisanterie lugubre eut plus de retentissement que l'auteur ne le voulait ; elle fut prise au sérieux et se propagea comme toute mauvaise nouvelle.

Les dépêches inquiètes et répétées arrivèrent à

---

[1] *Décoration, nature morte.* Peinture, n° 28; V. n° 8, 5,700 fr., appartient à Mme L. Bréton.
[2] *Deux panneaux décoratifs.* Peinture, E. n° 19, appartiennent à M. G. Renouard.

Rome, et ne firent que surprendre ses amis et ses camarades qui ne savaient pas quelle aventure avait pu donner prétexte à cette tragique histoire.

Quant à lui, il en souffrit beaucoup. « Cette fausse nouvelle coïncidait avec la publication dans le *Moniteur* d'une lettre qu'il avait écrite à son père sur sa course au Vésuve. « Je ne vois pas, disait-il, quel intérêt on a ainsi à jeter le ridicule sur quelqu'un qui ne le cherche pas. » La réclame lui était en horreur : il n'était pas de son temps, peut-être aussi sentait-il avec fierté qu'il n'en avait pas besoin [1].

Il se préparait à parcourir le Nord de l'Italie, quand le choléra sévissant à Rome, l'École française fut licenciée : H. Regnault profita des loisirs qui lui étaient faits pour venir à Paris et visiter l'Exposition universelle.

Que de fois nous avons ainsi voyagé ensemble dans des pays que nous connaissions tous deux ou que nous avions un égal désir de connaître! Que de fois il m'a raconté le plan qu'il s'était tracé pour sa vie! Il me parlait de ses tableaux futurs, et il voyait partout des sujets qui le tentaient. Il rêvait alors tout un idéal de bonheur et de célébrité : il faisait des projets d'avenir à perte de vue, de quoi remplir une existence entière; il avait arrangé d'avance toute sa carrière, à l'abri des soucis et des obstacles, des orages et des infortunes.

Mais, au palais du Champ de Mars, c'était l'Orient qui le séduisait et l'attirait avant tout. Col-

---

[1] Timbal, *le Français*, 21 mars 1872.

lectionnant des bouts d'étoffes aux couleurs vives et bizarres [1], s'arrêtant devant un costume étranger, devant un pli de draperie; passant de longues heures à écouter les psalmodies monotones et criardes des tsiganes, il cherchait à se soustraire à la vulgarité de nos types, de nos costumes et de nos mœurs, heureux de recueillir une ample moisson de souvenirs.

Entre ses promenades, H. Regnault donnait son temps à quelques familles amies, et laissait des souvenirs de son passage, en fixant à jamais, de son crayon fin et spirituel, les traits de personnes qui lui étaient chères [2].

Je conserve un billet qu'il m'adressait à cette époque : le sujet en est bien futile, il s'agit d'un rendez-vous manqué, mais la forme en est curieuse parce qu'elle montre, que même, dans les petits détails de la vie journalière, H. Regnault était, comme en peinture, un type achevé de précision et de netteté.

---

[1] C'est là qu'il acheta la pièce de soie de Chine d'un jaune éblouissant qu'il reproduira dans la *Salomé*.

[2] *Portrait de Mme de L.* Crayon noir, E. n° 193. — *Portrait de Mme Ch. D.* Crayon noir, E. n° 194. — *Portrait de M. Ch. D.* Crayon noir, E. n° 195. — *Portrait de M. Arthur Duparc*, mine de plomb, E. n° 196. — *Portrait de Mme Arthur Duparc*, mine de plomb, E. n° 197. — *Portrait de Mme A. H.*, crayon noir, E. n° 198. — *Portrait de M. A. H.*, crayon noir, E. n° 199. — *Portrait de Mlle Pauline Bréton*, crayon noir, E. n° 200. — *Portrait de Mlle Geneviève Bréton*, crayon noir, E. n° 201 et 203. — *Portrait de M. A. Bida*, crayon noir, E. n° 202. — *Portrait de M. Louis Bréton*, crayon noir, E. n° 204. — *Portrait de Mlle Nelly Jacquemart*, crayon noir, E. n° 205. — *Portrait de M. A. Bida*, crayon noir. E. n° 206.

Vendredi soir.

Cher ami, il m'est arrivé toute espèce de malheurs hier soir. J'avais à faire à Versailles à 4 heures 1/2, et ne pouvant pas être de retour à 5 heures 1/2, Rue H...., je t'ai envoyé, en partant de Paris, la dépêche qui te promettait mon arrivée à 6 heures 3/4. Mais on ne peut pas toujours faire ce qu'on veut ; je ne me suis vu libre qu'à 6 heures moins le quart. Je pouvais prendre le train de 6 heures à la rive droite et arriver chez toi à 7 heures 10 minutes, grâce aux pieds ailés du *pur sang* que j'aurais pris à la gare Saint-Lazare. Malheureusement, je suis arrivé à 6 heures 6 minutes et j'ai manqué le train.

Je ne pouvais plus prendre que la rive gauche à 6 heures 1/2 ; j'ai pensé que tu ne m'attendrais pas jusqu'à 8 heures et que je ne saurais où te trouver. Je me suis donc résigné à faire quelques visites à Versailles où je connais beaucoup de monde.

Je comptais te voir ce matin et te raconter mes mésaventures ; mais j'ai été tellement trempé à Versailles, hier soir, où il est tombé des hallebardes, que j'ai pris un refroidissement qui m'a tenu toute la journée au lit, au Collége de France. J'ai pris force bourrache, j'ai trempé de mes sueurs draps et matelas, et ce soir je me sens bien.

Remettons donc à jeudi cette bonne partie si bêtement manquée par moi. Je ne manquerai pas le chemin de fer deux jeudis de suite ; pour être sûr de ne pas le manquer, je m'arrangerai de façon à ne pas avoir affaire à lui et je serai exactement, à 6 heures 1/4, devant G.....

A jeudi donc, mille regrets et mille amitiés.

Tout à toi,

HENRI REGNAULT.

A la fin de 1867, après l'exposition, H. Regnault retourna en Italie : c'est à cette époque qu'il fit comme en se jouant une série de dessins sur bois dont une partie parut dans le *Tour du monde* en 1868 et 1869, pour illustrer les notes de voyage sur Rome, de M. Francis Wey, et dont l'ensemble

(27 dessins) était destiné au livre que le même auteur publia en 1872 [1].

Regnault avait trouvé Rome une ville aux petites proportions; il n'avait vu que les aspects pittoresques et les côtés anecdotiques. Il se promenait au hasard; il allait voir *all what is to be seen*, comme disent les anglais, et il notait sur ses carnets le plaisir de ses yeux. Chaque jour, en quête d'émotions nouvelles, il faisait aux environs de Rome de longues promenades : il était fasciné par les effets magiques de la lumière sur ces plaines ondulées et couvertes de souvenirs.

Il n'a représenté ni les ruines augustes, ni les beautés éternelles de l'antiquité classique ou de la renaissance, conservées à l'admiration des siècles à venir dans les musées et les églises; il n'était pas ému par la vue des murs croulants du Colisée.

Comme Léopold Robert, comme le peintre de la *Malaria* il s'est épris pour les mœurs, les usages, la couleur locale de la Rome moderne; il a cherché et il a trouvé la vie de la rue; il a dessiné de longues files de séminaristes, des contadines à l'angle d'une rue, les joueurs de boule et *les joueurs de la mora* [2], *les femmes du Transtevère* [3], *les Pifferari* [4], les coins de paysage entrevus en passant le Tibre, une

---

[1] Francis Wey, *Rome, descriptions et souvenirs*; Paris 1872, in-4°.
[2] Dessin, E. n° 217; V. n° 96.
[3] Dessin, E. n° 218; V. n° 97.
[4] Dessin, E. n° 219; V. n° 98.

scène de laquais de cardinaux en gala à la porte du Vatican, la fête des Allemands à la grotte de la Cervara, les fêtes du Corso, les types accentués que le voyageur peut étudier sur la place publique et qui font de la ville éternelle le plus amusant des spectacles.

Ces croquis charmants, pleins d'humour et de vérité, montrent sous toutes ses faces un talent d'une originalité et d'une diversité surprenantes : habileté de la mise en scène, finesse à la fois spirituelle et savante du dessin, aptitude merveilleuse à aborder tous les genres avec une égale supériorité.

Je sais bien que ce n'était pas là son avis, et je n'en veux pour preuve qu'un fragment de lettre adressée à M. Francis Wey [1], qui montre que difficile pour lui-même, il n'était jamais content de ce qu'il avait fait.

« Malheureusement, à Rome, je suis toujours trop pressé de besogne pour pouvoir me promener assez et me mettre à l'affût des scènes intéressantes. Si la première année que j'étais à Rome, j'avais pu prévoir que j'aurais un travail comme cela à faire, j'aurais pris (n'ayant pas d'envoi à faire) une grande quantité de notes et de croquis (ce que j'ai fait en Espagne et ce que je ferai encore au Maroc l'automne prochain). Au lieu de cela, j'ai perdu mon temps à me promener en *amateur* pendant six mois.

« Je regrette bien de n'avoir pas à ce moment-là rempli des albums qui me seraient si utiles maintenant et me permettraient de faire des bois qui auraient bien plus de cachet et plus de variété.

« Enfin, je ferai ce que je pourrai pour que vos bois soient prêts et ne vous ennuient pas trop. »

[1] *Autographe*, 23 déc. 1871, n° 17. p. 154.

En même temps, il peignait le *portrait de Mme la vicomtesse de Dampierre* [1], le *portrait de M. Pessard* [2], qui était pensionnaire de l'Académie de France à Rome, et qui avait obtenu en 1866, le grand prix pour la musique; il dessinait le *portrait de M. d'Epinay* [3].

En 1868, nous retrouvons Regnault, au salon, avec le *Portrait de Mme Arthur Duparc*, la femme de l'un de ses amis [4], portrait qu'il avait commencé à Paris, en juin 1867. La dame a le port majestueux et la taille élégante; elle est debout dans son appartement, en compagnie d'un grand levrier noir dont elle caresse du revers de la main le cou tendu; elle est vêtue d'une superbe robe de velours rouge qui se détache sur un fond de tenture écarlate admirablement peint. L'artiste joue déjà avec l'harmonie des couleurs : la fanfare des tons, le goût de la toilette, la richesse décorative de tentures, la rare distinction des accessoires font valoir l'éclat des carnations dont le ton est frais et vivant, donnent à la figure quelque chose de hardi et de triomphal, et mettent en relief les bras nus qui sont d'un jet superbe. Il y a dans ce portrait une recherche habile à concilier les séductions mondaines avec les exigences de l'art, un parfum délicieux de noblesse féminine : c'est un

---

[1] Portrait à l'huile, inachevé, E. n° 44.
[2] Portrait à l'huile, inachevé, E. n° 59.
[3] Dessin à la mine de plomb, V. n° 208.
[4] Livret n° 2101 E. n° 42; appartint à M. A. Duparc.

vrai portrait de *high life*, comme en a peint Gainsborough.

Au même salon, on remarquait dans la salle des dessins, deux petits portraits de femmes : le *Portrait de Mme de L.* [1] et le *Portrait de Mme A. H.* [2].

A l'exposition des envois de Rome, en 1868, nous retrouvons H. Regnault avec l'*Automédon*, le conducteur des coursiers d'Achille [3] : pour la première fois il peint les chevaux, comme il les avait étudiés, c'est-à-dire en cavalier et en artiste.

Chaque pensionnaire de la villa Médici doit, pendant la première année de son séjour, envoyer à Paris un tableau, qui réglementairement se composera d'une figure nue, d'une seule figure. Le jeune artiste sentit sa fougue gênée par les exigences du programme : il en éluda les conditions en se disant qu'on lui défendait de peindre plus d'une figure humaine, mais qu'on ne parlait pas des animaux.

« Je vais faire une figure de jeune homme, écrivait-il à M. Arthur Duparc, mais ce que le Directeur ne sait pas, c'est que cette figure nue sera entre deux chevaux grands comme nature. Le règlement se plaindra encore certainement, mais je m'arroge le droit de faire des mastodontes si cela me plaît. »

Nous voilà en plein souvenir d'Homère. Un homme nu, médiocrement grec par le caractère, mais au torse fièrement campé, et vivant par la silhouette et par le geste, tient de ses deux mains passées dans les brides, deux chevaux qui essayent

---

[1] Livret, n° 3255. E. n° 193.
[2] Livret, n° 3256. E. n° 198.
[3] L'original est en Amérique. Mais l'artiste refit le même tableau en 1870 pour le cercle des Phocéens à Marseille.

d'échapper à son étreinte et qui se cabrent dans les enivrements de la course prochaine, et il parvient à peine à maîtriser leur ardeur furibonde. Ce sont bien là les coursiers d'Achille tels que l'imagination les conçoit, plus grands que nature, glorieux et furieux; leur œil est plein de colères héroïques; leurs naseaux soufflent l'écume; leurs crinières échevelées s'épanchent à flots jusque sur leur nez et, soulevées par la tempête, semblent de monstrueux panaches qui les grandissent encore; l'un est noir comme la nuit, l'autre fauve avec des luisants clairs; l'un, peut-être un peu lourd, l'autre, emporté par un mouvement superbe, tous deux d'une robe peinte avec une exquise et vigoureuse finesse. Au loin, l'orage est dans le ciel, et la mer apparaît, menaçante à l'horizon.

Certains critiques ont trouvé la composition un peu excessive, et ont relevé quelques incorrections de détail : on a dit que les chevaux étaient agrandis et contournés comme de vivantes arabesques, et que l'artiste, leur communiquant un peu de sa flamme, les avait forcés à se conformer à ce qu'il y avait d'ornemental dans sa pensée ; on s'inquiétait de l'audace du peintre ; on s'effrayait de son indépendance.

Il y a bien là quelque chose de vrai : mais n'était-ce pas merveilleux de voir un artiste de 25 ans, tenir avec autant de hardiesse et de vaillance un pinceau souple et résolu et déployer des qualités d'entrain et de vigueur, qui étonnaient d'autant plus qu'elles contrastaient avec la froideur académique des envois ordinaires ?

« Un élève ordinaire, dit M. Paul de Saint-Victor [1], aurait traduit en poncif académique ce thème homérique; Henri Regnault en fit une forte et violente étude, mélangée de réalité et de style... Ce beau début rappelait les premiers essais d'Eugène Delacroix. A un degré inégal, c'était la même imagination de dessin, la même couleur remuante et vivante, le même mélange d'ardeur et d'aplomb dans le maniement du pinceau... Les fautes même n'étaient que les écarts de la force en verve. Un maître futur perçait avec éclat sous cette étude d'écolier. »

A Rome, la peinture italienne, avec son grand style, ne pouvait charmer H. Regnault qui n'était point un contemplatif. Ce qu'il fallait à son humeur voyageuse, à son goût de l'étrangeté, c'était l'Espagne aux passions ardentes et impétueuses, aux caractères puissants et âpres, à l'énergie persévérante et tenace, aux habitudes violentes, aux instincts cruels, c'étaient les scènes sombres, les sujets terribles, bas et même repoussants, les plaies et les convulsions de la nature humaine; c'étaient les couleurs crues; c'étaient les peintres Espagnols, les génies sauvages : Zurbaran, au rude et vigoureux coloris, Ribeira à l'imagination fantastique, Velasquez, qui peignit des chevaux superbes et des infantes éblouissantes et surtout Goya, l'auteur de la *Tauromaquia* et de *los Desastres de la guerra*.

En juillet 1868, à peine remis d'une chute de cheval, il quitte Rome, arrive à Marseille, et de là court

---

[1] P. de Saint-Victor, *Barbares et bandits;* 1872, p. 211.

à Burgos, retrouver son ami M. Georges Clairin.

Il dessine ou peint la *Porte de la sacristie dans la Cathédrale de Burgos* [1], l'*intérieur de la Cathédrale* [2], le *jubé de la Cathédrale* [3], le *chapitre de la Cathédrale* [4], qui parurent à l'exposition de ses œuvres.

C'était Madrid qui l'attirait : mais en route, il séjourne à Avila, séduit sans doute par les aspects pittoresques de la ville, contraint surtout par la nécessité d'attendre des subsides pour continuer son voyage. Il sut faire tourner ce contre-temps au profit de ses études : sans compter le *Portail de l'Eglise d'Avila* [5], et quelques dessins [6], il entreprit en collaboration avec ses compagnons de voyage, M. Georges Clairin et M. Roger Jourdain, de relever les dessins fantastiques qui décoraient les siéges sculptés du *Coro* de la Cathédrale. Chacun des trois amis fit sa partie, et lorsque le moment du départ arriva, les fragments, réunis et recopiés deux fois, formèrent trois exemplaires complets de l'ensemble : chacun put emporter dans ses cartons un

---

[1] Aquarelle, E. n° 85 ; V. n° 20, 2,000 fr., appartient à M. René Fouret.

[2] Aquarelle, E. n° 89 ; V. n° 22, 2,000 fr., appartient à M. Cahen, d'Anvers.

[3] Aquarelle, E. n° 90 ; V. n° 23.

[4] Dessin, E. n° 213 ; V. n° 92.

[5] Aquarelle, E. n° 99 ; V. n° 32, 2,000 fr., appartient à M. le baron G. de Rothschild. — *Avila, muletiers espagnols*, peinture, esquisse (1869 ou plutôt 1868). E. n° 33 ; V. n° 5 ; 425 fr.

[6] *Avila*, croquis à la plume, E. n° 221 ; V. n° 100. — *Route montant à Avila*, croquis à la plume, E. n° 222 ; V. n° 101.

souvenir de cette collaboration d'un nouveau genre.

H. Regnault arrive enfin à Madrid.

Il va, sans doute, visiter le *Real museo* et l'*Academia de San Fernando*. Mais convaincu, comme Benvenuto Cellini et Salvator Rosa, que l'existence d'un artiste ne doit pas se passer tout entière à étudier les chefs-d'œuvre des maîtres, Regnault ne vivait pas enfermé dans son atelier ou dans les musées.

Il aimait au contraire à se mêler à la vie active, comprenant que, pour bien sentir ce qu'on veut exprimer, soit par le pinceau, soit par la plume, soit par la parole, il faut avoir vu la réalité et *savoir son sujet*.

C'est ainsi qu'il demande ses inspirations aux spectacles et aux scènes populaires; c'est ainsi qu'il prend plaisir aux émotions de la course des taureaux et devient un *aficionado* qui n'était satisfait que lorsqu'il avait vu la fête, depuis l'*apartado* jusqu'à la *carniceria*; il en a donné la preuve [1].

Bientôt, en septembre 1868, l'Espagne renverse le trône de la Reine Isabelle. Aux séductions normales de l'Espagne que Regnault adorait même avant de la connaître, s'ajoutait l'intérêt des agitations populaires et des foules emplissant les rues. L'Espagne à l'état calme l'avait tenté : l'Espagne républicaine était irrésistible.

La place publique et la rue offrent alors à son

---

[1] *Abattoir près d'un cirque de combats de taureaux*. Tableau, E. n° 27; V. n° 4, 310 fr.

pinceau et à son crayon des modèles qu'il ne laissait pas échapper volontiers.

Il est un épisode curieux de la révolution d'Espagne qu'il est bon de rappeler, parce qu'il montre un des côtés pratiques de cet esprit si original et si prime-sautier.

Après la bataille d'Alcolea, partout on s'apprêtait à fêter le retour de Prim, dans la capitale : on élevait des arcs de triomphe, sous lesquels il devait défiler. H. Regnault voulut contribuer pour sa part à célébrer ce beau jour, et c'est dans un *Estanco de tabacos* transformé en atelier qu'il peignit une grande bannière : trois médaillons contenaient les portraits de Juan Prim, de Topete et de Serrano; au-dessus deux génies, deux femmes aux grâces provocantes, aux formes accentuées déroulaient une banderolle sur laquelle on lisait ces mots : *los tres héroes de la libertad*. Le peuple qui n'avait que des drapeaux aux armes des Bourbons et qui n'en voulait plus, promena autour de la ville ce guidon improvisé de la révolution.

Il fait de même une lithographie : l'*Espagne délivrée*[1], destinée à être placée sur la couverture d'une marche militaire en musique, qui a pour titre *Marcha Prim*.

Ce n'était pas en peinture seulement que Henri Regnault avait une merveilleuse facilité pour faire de ses doigts et de son esprit tout ce qu'il voulait.

Il va sans dire qu'en Espagne il apprit l'espa-

---

[1] Dessin, E. n° 210; V. n° 89.

gnol : il le parlait même avec cette recherche qui consiste à saisir les mots typiques d'une langue et à les répéter à tout propos, en les appliquant souvent aux choses les plus diverses : en anglais on abuse du mot *beautiful*, en français du mot *admirable*, qui servent de qualificatifs aux choses les plus disparates; en espagnol, on dit : *Precioso*, et après cela, il n'y a plus rien à ajouter ; on a atteint le superlatif. Regnault avait saisi la valeur caractéristique de ce mot, et il en faisait un assez judicieux usage pour que des Espagnols aient pu, à ce seul mot, le prendre pour un compatriote.

Mais ce n'était pas assez de connaître la langue jusque dans ses plus délicats raffinements : H. Regnault voulut étudier la musique du pays, et apprendre à jouer de la guitare.

Pendant les premiers jours qui suivirent l'expulsion des Bourbons, le peuple se formait en groupes dans les rues, pour raconter ou apprendre les nouvelles vraies ou fausses, et en Espagne, il n'y a pas de rassemblements sans guitare. H. Regnault se trouvait, un soir, au coin de la Plaza Mayor, en compagnie de M. le baron Ch. Davillier, qui connaît si bien les *cosas de España*, lorsque les accords d'une guitare frappèrent leurs oreilles. M. Davillier emprunta l'instrument, et se mit à jouer au grand étonnement de ses compagnons des *malagueñas*, des *seguidillas*, des *estudiantinas*, etc., et tout le répertoire de ces chansons à 2 ou 300 couplets qui font le programme des concerts en plein vent. — « Vous savez donc jouer de la guitare ? dit H. Regnault. —

Ce n'est pas bien difficile, et de même que les Espagnols n'ont que trois sauces pour leur cuisine, ils n'ont que trois accords pour leur musique. — Vous pourriez donc me donner une leçon ? » — Et H. Regnault n'eut pas de cesse qu'à onze heures du soir, il n'eût trouvé à acheter une guitare. Il fallut réveiller un honnête citoyen qui dormait paisiblement et qui a nom Campos, et le convaincre qu'il y allait du salut de la République. Une fois en possession de l'instrument, il fallut monter les cordes de la guitare : c'est ce que fit M. Ch. Davillier en rentrant à la *casa de huéspedes* où ils étaient tous deux logés : et voilà Regnault heureux. Mais il ne savait pas encore les positions : il voulut prendre, le soir même, ou plutôt le matin même, car il était 1 heure de la nuit, une première leçon, et tout enthousiasmé, pendant que son professeur, M. Ch. Davillier, se reposait, il continuait à s'essayer sur l'instrument, n'hésitant pas à troubler son sommeil, pour lui demander de l'aider à retrouver un accord qu'il avait oublié.

Henri Regnault avait vu le héros du jour, Juan Prim : il avait été frappé du caractère de cette tête qui attirait tous les regards, et se fit présenter à lui par M. de Bark, et le général Milans del Bosch. Il fut aussitôt décidé, dans son esprit, qu'il ferait le portrait du général.

Juan Prim, 8 *octobre* 1868, — comme le porte le livret du salon de 1869 [1] — en vue de Madrid,

---

[1] N° 2010 ; E. n° 34.

vient d'arrêter son cheval; le favori populaire, couvert de poussière, se tourne vivement vers le spectateur : la tête est nue; sur le front pâle de l'émotion du triomphe, pâle aussi du souci du lendemain, se divisent quelques mèches de cheveux rares; l'œil est fixe, et plein de feu; la face crispée, à la fois violente et triste; les lèvres serrées, l'attitude fiévreuse et frémissante expriment une joie dédaigneuse et attestent l'habitude du commandement hautain.

La tête de Juan Prim est admirable, dans sa pâleur épique : ce n'est point un général qui triomphe dans quelque bataille; c'est un héros de carrefour qui triomphe dans la révolte.

Il maintient d'un bras ferme son énorme cheval.

La noble bête, impatiente et fougueuse sous les riches harnais, a une robe noire et luisante, avec des éclairs de satin; elle a une immense crinière flottante, les jambes fines et nerveuses, les yeux et les nascaux remplis de feu, la bouche mâchant le mors que blanchit l'écume; elle ploie un peu sur l'arrière-main, les jambes de devant tendues, et l'encolure ramassée et renflée en gorge de pigeon.

Ce cheval est une merveille, comme puissance de modelé, comme énergie de touche, comme vigueur de coloris.

Au fond, parmi des flots de poussière, des palpitations de drapeaux, à demi-cachée dans un pli de terrain, s'agite et défile une foule en délire : elle est bariolée et présente un pêle-mêle de haillons légendaires et d'uniformes improvisés, d'armes bizarres et de visages semblables à ceux que l'on voit, partout et toujours, à l'aurore des révolutions.

> Des gueux, des Juifs, des montagnards,
> S'habillant d'une loque et s'armant de poignards [1].

C'est la canaille hurlante, c'est l'armée des volontaires de la liberté, qui acclame son chef.

Ces figures de l'arrière-plan, ébauchées à la Goya, avec une turbulence de brosse incroyable, sont d'une bonne ordonnance, et l'animation de la couleur, l'imprévu de l'effet, l'audace de la facture composent un ensemble enthousiaste et fier.

Cette scène, pour augmenter encore l'effet, se détache sur un ciel nuageux et indécis comme la situation; elle jette dans l'esprit du spectateur quelque chose de fébrile et d'inquiet.

On sent qu'un souffle de révolution traverse et anime cette œuvre aux allures remuantes, au style empanaché, où l'artiste a dépensé une verve singulière, emporté dans cette peinture à grand fracas, par la furie de l'exécution et la fièvre de la couleur.

C'est un éblouissement.

Le général avait commandé ce tableau à l'artiste, mais il refusa de le payer, sous prétexte qu'il avait demandé son portrait et non celui de tous ces gueux, qui, la tête couverte d'un madras, forment le fond de la scène, et le cortége du comte de Reus. Regnault s'était trompé, il avait cru trouver en Prim un républicain, et ce n'était qu'un ambitieux qui

---

[1] V. Hugo, *Ruy-Blas*, acte III, scène II.

voulait se servir de la Révolution, sans penser jamais à servir sa patrie [1].

M. Timbal [2] a raconté toute cette histoire avec une vérité de détails qui nous fait un devoir de lui emprunter son texte même :

« Le portrait du général Prim était à peu près terminé ; mais il fallait une séance pour donner au visage du modèle, lequel n'avait jamais voulu poser, cette dernière touche qui détermine la ressemblance et l'achève. Le général se décida à venir visiter l'atelier de Regnault, avec sa femme et son fils ; il entre et une exclamation de déplaisir s'échappe de ses lèvres. — « Qu'est-ce que cela ? » Il avait à peine entrevu l'œuvre que déjà il l'avait condamnée en prenant un ton qui cherchait évidemment à être blessant : — « Il avait vingt ans de trop, — il était « jaune, — il avait l'air d'avoir peur — quoi pas de « chapeau ! — Pourquoi cette chevelure en désor-« dre ? — quel manque de tenue et de dignité. — Je « suis très-mécontent ! » Et il sortit avec sa famille sans autre remerciement. Voilà à quoi avaient abouti tant d'efforts et comment se réalisait le rêve du succès espéré.

« Regnault fut suffoqué : il ne répondit que peu de mots à la mercuriale du héros ; assez maître de son émotion pour rester digne en face d'une semonce ridicule qui semblait préméditée, il attendit d'avoir quitté Madrid pour répondre au comte de Reus.

[1] Regnault ne s'en vengea qu'en donnant le nom de *Prim*, à un superbe slougui qui l'accompagnait toujours.
[2] Timbal, *le Français*, 22 mars 1871.

Mais arrivé à Barcelone, il lui envoya une lettre dans laquelle il maintenait fièrement son œuvre et sa conception tout entière; puis remerciant le général de la douceur et de l'affabilité qu'il lui avait témoignées dans sa dernière entrevue, il lui annonçait qu'en souvenir de lui, il comptait garder le portrait qu'il emporterait de Madrid.

« Le général, averti par la réflexion, par les artistes qu'il consulta sans doute, répondit bientôt avec une grande politesse et en cherchant à s'excuser de son premier mouvement mais il ne parla pas de reprendre son tableau, encore moins de le payer : c'était sans doute le motif secret de son apparente mauvaise humeur. »

Juan Prim, nous l'avons dit, parut au salon de 1869 et valut à son auteur une médaille. Depuis la mort de l'auteur, il a été acheté par le musée du Luxembourg.

Le même salon [1] vit encore — comme par un contraste ingénieux — le *portrait de Mme la comtesse de Bark*, la femme d'un officier suédois, une Française habillée à l'espagnole avec la mantille et la robe courte, zébrée de blanc et de rose, qui laisse voir un pied andalou ; le tout se détachant sur un fond de vieille tapisserie, où sont peintes les armoiries de la comtesse.

Dans la souplesse et la légèreté du pinceau qui a peint ce portrait, dans la fraîcheur du coloris, dans le caractère fin et délicat du dessin, dans la maestria

---

[1] Salon 1869, N° 2011; E. n° 45.

du faire, on sent l'influence de Goya, dont Regnault avait compris la grâce charmante et la vigueur prodigieuse; on sent aussi l'influence d'un autre artiste, son rival et son ami, jeune comme lui, comme lui déjà célèbre, de Fortuny, qu'il avait connu dans un de ses voyages et qui se fit connaître à la même époque par son *Contrat de mariage*. C'est une exception trop rare pour n'être pas signalée que cette profonde sympathie entre deux émules, qui n'était que la forme délicate d'une admiration réciproque.

Regnault rapportera encore d'Espagne une série d'aquarelles représentant tous ces types pittoresques qui fleurissent dans la Manche ou dans la Castille. Ce sont des ébauches peintes largement, faites çà et là en courant, et prises sur le vif; des croquis esquissés, à grands traits, dans une halte, alors que le soleil était ardent et qu'on était entré dans la cour de quelque posada aux arcades mauresques, pour faire boire les mules. Tantôt c'est une tête d'aubergiste matois, un fils du joyeux hôtelier de Cervantès; ici sur ce coin de la toile, un mendiant fièrement campé dans ses guenilles; là, de rudes Aragonais, des muletiers de la Manche, des gitanes basanés[1]; ailleurs

---

[1] *Manchego, paysan de la Mancha, au moment de la Révolution*. Tableau, appartient à M. D'Épinay, E. n° 36. — *Gitano, tête d'étude*. Tableau, F. n° 37; V. n° 6, 2,100 fr. — *Espagnol, muletier*. Tableau, E. n° 38. — *Espagnol, tête d'étude*. Tableau, E. n° 40; V. n° 7, 3,200 fr. — *Souvenir de Madrid et de Velasquez*, tableau, appartient à M. d'Épinay, inachevé, E. n° 43. — *Jeunes gitanos*, tableau, E. n° 46, appartient à M. Brune. — *Berger de l'Alcaria (Castille)*, tableau, E. n° 48; V. n° 11, 4,000 fr. — *Berger des montagnes*

une jolie et brune *Maja* au sourire narquois qui tortille un papelito, ou bien une madrilène qui, enveloppée dans sa mantille et toute de noir habillée s'en va lentement, se présentant de dos et ne montrant, par-dessus l'épaule, qu'un bout de profil perdu ; sa grâce, tout à la fois noble et piquante, se révèle en sa tournure [1].

H. Regnault fit un premier et très-court voyage en Catalogne et en Andalousie à la fin de 1868, et il n'a laissé que quelques souvenirs de ce séjour [2].

En 1869, il peindra encore le *portrait du général de la Castille*, tableau, E. n° 49 ; V. n° 12, 3,000 fr. — *Gitana*, tableau, appartient à M. Jadin, E. n° 51. — *Gitana*, tableau, appartient à M. Degeorge, E. n° 52. — *Paysan d'Aragon*, aquarelle, appartient à M. Lefebvre de Viefville, E. n° 83. — *Posada espagnole (Madrid)*, aquarelle, appartient à Mme Eug. Baugnies, E. n° 84. — *Aguador de Madrid*, aquarelle, appartient à M. de Portalis, E. n° 87. — *Manchego paysan de la Mancha*, aquarelle E. n° 88, V. n° 150, 3,400 fr., au Musée du Luxembourg. — *Intérieur d'une fonda espagnole (Madrid)*, dessin, E. n° 209. — *Intérieur d'une posada espagnole*, dessin, E. n° 211 ; V. n° 90. — *Petit guitariste espagnol*, dessin, E. n° 214 ; V. n° 93. — *Sentinelle pendant la révolution ; effet de nuit (Madrid)*, dessin, E. n° 215 ; V. n° 94. — *Étude de gitane*, dessin, E. n° 216 ; n° 95. — *Groupes d'insurgés espagnols*, dessin, E. n° 220 ; V. n° 99. — *Intérieur d'une cour à Madrid*, dessin à la plume. E, n° 223 ; V. n° 102. — *Intérieur d'une posada (Espagne)*, dessin à la plume. E. n° 225 ; V. n° 104. — *Environs de Madrid*, dessin à la plume. E. n° 226.

[1] Aquarelle. E. n° 86 ; V. n° 21, 4,600 fr., appartient au Musée du Luxembourg.

[2] *Intérieur de la cathédrale de Barcelone*. Dessin, E. n° 211 ; V. n° 91. — *Étude dans l'Alcazar de Séville*. Tableau, E. n° 41 ; V. n° 10, 650 fr. — *Chapiteau de colonne à l'Alhambra de Grenade*. Dessin, E. n° 224 ; V. n° 103.

Milans del Bosch [1], commandant de la nouvelle Castille, qui appartient à la duchesse de Castiglione Colonna. Il est plein d'originalité et de hardiesse; il est vivant.

En mars 1869, Regnault retourna en Italie pour peindre, dans le délai réglementaire, son envoi de deuxième année, et terminer son tableau de *Judith et Holopherne* qu'il avait commencé en 1868.

Holopherne, les membres raidis par l'ivresse, repose sur des tapis aux dessins bizarres et aux couleurs éclatantes ; il occupe les deux tiers du tableau.

Judith — qui rappelle par certains côtés la Thétis du prix de Rome, — est debout dans l'ombre : elle a l'attitude noble et majestueuse, le masque cruel, les carnations mates ; elle est superbement vêtue d'une longue robe blanche, elle porte nouée autour des reins une longue jupe de mousseline bleue, semée d'étoiles d'argent, qui est une merveille.

Sa main chargée de bijoux est armée d'un Kandjar mince et aigu. « Par un retour naturel à la légende biblique, dit M. Armand Sylvestre [2], on pense avec effroi que ce frêle poignard devra séparer une tête humaine de son cou mutilé, et la besogne épouvantable de la courtisane héroïque apparaît avec un raffinement d'horreur. Que la *Judith* d'Horace Vernet était moins terrible avec son yatagan de mameluck, naïf instrument de terreur! Mais aussi c'est que l'*Holopherne* de Regnault n'est pas un bellâtre frisé.... C'est un rude soldat, tout nu, aux cheveux

---

[1] Portrait inachevé. E. n° 35.
[2] A. Sylvestre, *le Soir*, 26 janv. 1871.

ras, anéanti dans le sommeil d'une double ivresse, très-noir parmi des draperies éclatantes, un très-beau morceau de peinture, n'ayant guère d'ailleurs que la valeur d'un accessoire. C'est la *Judith* qui est tout le tableau. Qui fait l'adorable brutalité de ce type sauvage ? L'ombre profonde de sa chevelure aux reflets bleus, drue et jaillissante par nappes, une véritable *crinière tragique,* comme a dit le poëte des *Femmes damnées ?* — La lumière vague où les paupières sont noyées par le rayonnement fauve des yeux indécis ? — La rigidité des traits de la face ? — La matité étincelante de la poitrine implacablement froide ? — L'amoncellement de bijoux multicolores et de tissus métalliques autour de ce corps nerveux et brun ? — Un peu de tout cela, sans doute, et plus que tout cela, ce que la volonté du peintre laisse de son âme et de sa pensée vivante dans l'œuvre qu'il a aimée. Et ne l'a-t-il pas bien comprise, cette figure légendaire de la trahison feminine, Judith, cette sœur de Dalila, fille de la race où les femmes adoraient l'or, et les hommes le sang? »

Si les détails sont admirables, l'ensemble de la composition laisse un peu à désirer : on sent que l'artiste n'était pas maître de son sujet, ou du moins qu'il n'était pas fixé; du reste, on raconte qu'il avait commencé à peindre la veuve de Manassé en costume plus sévère comme il convient pour la noble mission qu'elle allait remplir, et puis il a changé d'idée, il a trouvé que ce n'était pas assez gai, que cela ne prêtait pas à l'ornementation, à la couleur : il a cru qu'il était préférable de représenter Judith en habits de fête, et tombant dans l'excès, ne cherchant plus le sentiment antique que dans les détails de la décoration, il a fait porter toute sa peinture sur les fines draperies de gaze, sur les bijoux dont il a paré le corps et jusqu'aux doigts de pied de sa Judith; il en est venu pour donner plus de richesse et plus de chaleur au coloris, à emprunter la gamme de ses tons à ces matières colorantes que la science moderne a découvertes dans le goudron et dans la houille.

En tout cas, pressé par le temps, il sacrifia la partie gauche du tableau.

Le tableau de *Judith et Holopherne* qui figura aux envois de Rome de 1869, appartient au musée de la ville de Marseille [1].

C'est dans la campagne de Rome, que Regnault trouva le type de la *Salomé* : mais il n'arriva que lentement et sans idée préconçue a en faire le tableau que nous admirons tous.

Ce n'était d'abord qu'une étude d'après nature, la tête d'une chaucharde, dont l'étrange caractère avait frappé l'artiste, et qui posera ensuite pour la *Pythie* de Marcello (Mme Colonna); bientôt Regnault y ajoute un buste; ce n'était encore qu'un portrait, qui se

---

[1] Le musée de Marseille — ou plutôt le conseil municipal de la ville de Marseille, — n'a pas voulu prêter la *Judith* pour l'exposition des œuvres du peintre. Les organisateurs de l'exposition comptaient l'obtenir : ils la firent même figurer au Catalogue sous le n° 65. Mais ils apprirent bientôt qu'il fallait y renoncer : on leur fit savoir qu'il y avait des formalités à remplir, qu'il fallait nommer une commission qui délibérerait et ferait un rapport, sur lequel le conseil déciderait, à la séance suivante. C'est ainsi qu'en France, on arrive toujours trop tard, grâce aux traditions bureaucratiques.

détachait sur une tenture rouge à ramages bleus et qui avait alors pour titre : *Etude de femme africaine;* alors changeant la tenture du fond, ajoutant un morceau à droite, un à gauche, un en bas, ainsi qu'on peut le voir sur l'original, entourant le buste d'accessoires savamment choisis qui décident après coup du titre qu'il donnera à son tableau, il fait de la *Salomé* un chef-d'œuvre, comme Salvator Rosa, de deux toiles peintes en voyage, dans des contrées différentes, à des intervalles assez éloignés, faisait un paysage.

La Bohémienne était devenue la fille d'Hérodiade : elle est là, assise sur un coffret, aux incrustations d'ivoire, elle attend. Bien que d'une main distraite elle joue avec la poignée du couteau ciselé qui va trancher la tête de saint Jean-Baptiste, bien qu'elle tienne sur ses genoux des instruments de mort, et le bassin dans lequel elle va présenter cette sanglante dépouille à Hérode Antipas son oncle, elle est sans pensée comme un animal, à la grâce sinistre et farouche, qui ne sait pas qu'il est redoutable et charmant : nulle expression dans cette tête, pleine de bestialité, et même quelque peu simiesque, sinon un regard provocant, animé par un éclair de folie, et quelque chose de sauvage et de lascif dans le sourire ; le front est bas ; la lèvre à la fois féroce et voluptueuse ; la chevelure abondante, emmêlée, volontairement excessive et d'un noir de corbeau, se détache, à l'emporte-pièce comme une tache d'encre, sur les blanches carnations de la peau et sur la tenture de satin citron clair, de la tonalité la plus éclatante et la plus étincelante, qui sert de fond au tableau et qui sans une ombre, sans un pli, enveloppe la *Salomé* comme dans une auréole fulgurante; les épaules, dans leur rondeur charmante, laissent glisser la chemisette; le serpent enroulé autour du bras darde des yeux d'escarboucle; les babouches dansent dans les pieds mignons; les membres semblent avoir la souplesse du reptile et la dureté de l'acier.

Ce type singulier est plus vrai et surtout plus vivant que cette pâle et incolore figure de la *Décollation de saint Jean-Baptiste* qui se trouve au Louvre. On sent la poésie sauvage de la Bible, et dans cette antithèse peinte le charme de la forme fait oublier l'horreur du fond.

« Le problème, dit P. Mantz [1], ici était à la fois d'enlever des carnations qui restent lumineuses sur ce fond d'une implacable splendeur et de marier sans brutalité le noir absolu des cheveux à toutes les clartés ambiantes. Regnault y est parvenu : sans amoindrir l'effet de contraste, qui est la moitié de son tableau, il a usé de tons rompus, de nuances atténuées qui mettent l'accord dans ce concert de sonorités. Des gazes transparentes qu'illuminent des reflets d'or, des roses tournant au jaune passent çà et là sur les chairs et les relient par des finesses exquises à la brillante étoffe qui tapisse le fond. C'est par un art merveilleux que la figure conserve sa valeur, et qu'il n'y a pas une seule tache criarde dans cette peinture où le contraste s'exalte systémati-

---

[1] P. Mantz, p. 80.

quement, et où l'harmonie se déroule de l'extrême clair à l'extrême obscur. Gardons-nous d'oublier de quelle demi teinte légère Regnault a baigné les chairs de la bohémienne. Sous la jupe de gaze aux rayures qui les voile à demi, ses jambes nues, ses pieds délicats posés sur des babouches merveilleuses sont caressés par une atmosphère d'une indicible limpidité. Partout, d'ailleurs, l'exécution savante et souple est incomparable, ce que les profanes ont pu dire devant ce tableau, nous l'ignorons, mais nous savons qu'il a été, qu'il sera toujours la joie des coloristes. »

En effet, la *Salomé,* dans sa coquetterie sauvage, est la personnification charmante de la courtisane voluptueuse de l'Orient : mais c'est surtout la réalisation d'un rêve de coloriste : c'est autant un tableau qu'une symphonie de couleurs où l'on ne sait ce que l'on doit le plus admirer, le miracle des jaunes sur jaunes, ou les chatoiements de l'or et de la soie, ou les bouquets de tons, ou les scintillements de couleurs qui ne montrent que des paillettes.

Le tableau achevé, H. Regnault voulait encore trouver l'occasion d'exercer ses aptitudes décoratives et son talent essentiellement ornemental ; il voulait continuer la couleur jusque dans le cadre et peindre des cartouches de faïence : il y renonça : mais ce n'est pas sans motif qu'il choisit un cadre d'ébène pour entourer la toile où il avait déposé l'empreinte de son génie : c'était pour faire valoir son tableau, pour harmoniser cet ornement avec l'objet principal, de manière à l'embellir sans le faire oublier ; c'était pour concourir à l'effet optique qu'il voulait produire ; c'était pour faire pendant à la chevelure de son héroïne.

Salomé la Danseuse parut au salon de 1870 [1], mais elle n'eut qu'une médaille, et cela après que onze tours de scrutin eurent été nécessaires pour départager le jury, hésitant à décerner la grande médaille à ce petit tableau ou bien au *Dernier jour de Corinthe*, de Tony Robert-Fleury. Je crois que l'on fit plus de cas de la quantité que de la qualité et Regnault ne fut pas l'heureux vainqueur.

La *Salomé* fut vendue, en 1870, par Regnault 14,000 fr. à un marchand espagnol qui l'acheta sans l'avoir vue, et qui la revendit à un de nos plus célèbres marchands de tableaux : de là, elle passa dans la collection de M. Brame, puis dans celle de Mme de Cassin qui, si l'on en croit la renommée, l'aurait payée 35,000 fr..

Revenu à Madrid, Regnault peint la copie obligatoire que doit envoyer tout élève de l'Académie de Rome, et qui reste, comme propriété du gouvernement, à l'Ecole des beaux-arts. Il choisit pour modèle la *Reddition de Bréda* par Velasquez, plus connue sous le nom de *Las Lanzas*, à cause de la forêt de piques qui se dessine au coin du cadre.

« En présence des armées espagnole et flamande, le marquis de Spinola, accompagné d'un groupe de généraux, reçoit du gouverneur de Bréda les clefs de la ville. C'est à la fois de l'histoire et de la chroni-

---

[1] Livret, N° 2390 ; E. n° 55.

que : le spectacle est solennel et cependant il reste familier, grâce à la vérité des attitudes, à l'intimité des physionomies où Velasquez est demeuré ce qu'il était essentiellement, un portraitiste. Le tableau des *lances* est d'une coloration très-montée : les bleus plus ou moins intenses y abondent avec les violets, les verts, les bruns; l'acier des armures brille dans la lumière attiédie, mais ces splendeurs se modèrent et s'éteignent, Velasquez étant, pour le ton rompu, le maître des maîtres [1]. »

Regnault quitte bientôt Madrid en laissant le tableau des *Lances* inachevé et en confiant à une autre main le soin de le finir ou à peu près. C'est que Regnault avait trop de fougue pour se plaire longtemps à copier un tableau, fût-il un chef-d'œuvre. D'ailleurs cette copie ne réussit pas complètement à rendre l'éclat qu'on admire sur la toile originale du Musée de Madrid [2].

Le 9 août 1869, Regnault arrive à Barcelone [3] : il en part aussitôt pour se rendre à Majorque, à Alicante et à Grenade.

De ces divers séjours, il rapportera des aquarelles, des croquis largement traités au crayon noir représentant des panoramas de montagnes aux environs de Majorque [4] et d'Alicante [5], qui devaient, un jour ou l'autre, encadrer quelque grande composition.

---

[1] P. Mantz, p. 76.
[2] E. n° 32.
[3] *Barcelone, cour du Palais de Justice*, dessin, E. n° 227; V. n° 105.
[4] Crayon noir, n° 250, 251, 254; V. n°ˢ 124, 125 et 128.
[5] *Citadelle d'Alicante*. Aquarelle, E. n° 102; V. n° 35.

Henri Regnault avait ressenti une vive impression de son séjour à Grenade; il avait passé de longues heures à voir le soleil se jouer dans les arabesques de l'Alhambra : dans chaque recoin du palais des rois maures, il avait découvert des horizons nouveaux, il avait trouvé le sujet d'études à l'huile, des aquarelles dont la plupart sont des merveilles de délicatesse et de fini, ou des esquisses au crayon, destinées à être utilisées dans ses tableaux futurs [1].

650 fr. — *Lavoir aux environs d'Alicante*, aquarelle, E. 103 ; V. n° 36, 950 fr. — *Environs d'Alicante*, aquarelle, E. n° 104; V. n° 37, 700 fr. — *Alicante*, crayon noir, E. n°s 252, 253, 257, 259, 260, 262, 267, 272 à 275 ; V. n° 126, 127, 131, 133, 136, 141, 146 à 149.

[1] *Alhambra de Grenade, salle des bains*, peinture. E. n° 54 ; V. n° 14, 2,300 fr. — *Toréador, étude de costume*, peinture, E. n° 56; V. n° 15, 525 fr. — *Alhambra, entrée de la salle des deux Sœurs*, peinture, E. n° 57; V. n° 16, 4,700 fr. — *Alhambra, salle des deux Sœurs*, peinture E. n° 58; V. n° 17, 5,300 fr., appartient à M. Cahen d'Anvers. — *Bains des femmes à l'Alhambra*, aquarelle, E. n° 91; V. n° 24, 410 fr. — *Salle des Abencerrages avec la cour des Lions à l'Alhambra*, aquarelle, E. n° 92 ; V. n° 25, 3,000 fr. appartient à Mme la baronne Nathaniel de Rothschild. — *Alhambra, Patio des lions*, aquarelle, E. n° 93 ; V. n° 26, 1,000 fr. — *Cour mauresque avec laurier rose (Grenade)*, aquarelle, E. n° 94 ; V. n° 27, 6,300 fr., appartient à Mme la baronne Nathaniel de Rothschild. — *Alhambra, entrée de la salle des deux Sœurs*, aquarelle, E. n° 95; V. n° 28, 4,100 fr., appartient au Musée du Luxembourg. — *Alhambra, intérieur et Mirador de la salle des deux Sœurs*, aquarelle, E. n° 96 ; V. n° 29, 2,100 fr., appartient au Musée du Luxembourg. — *Alhambra, cour des lions*, aquarelle, E. n° 97 ; V. n° 30, 4,500 fr. — *Lavoir mauresque à Grenade*, aquarelle E. n° 98 ; V. n° 31, 1,900 fr., appartient à Mme la baronne Nathaniel de Rotschild. — *Lavoir mauresque à Grenade*, aquarelle, V. 100 ; V. n° 33, 1,600 fr., appartient à Mme la baronne Nathaniel de Rothschild. —

Vers la fin de 1869, il alla à Séville [1] et jusqu'à Gibraltar, et de là — la tentation est si grande et si facile à satisfaire — il s'était embarqué pour Tanger. Il semblait que l'Espagne, déjà si chaudement ensoleillée, ne suffisait plus à cette imagination amoureuse de couleur et qu'il cherchât non plus les vestiges épars de la civilisation arabe, mais qu'il voulût vivre en pleine lumière.

C'est à Tanger qu'il trouvera le pays de ses rêves.

Cette petite ville, qui n'est plus une forteresse, si jamais elle le fut, comme le ferait croire le souvenir du bombardement de Tanger et de Mogador, cette petite ville offre au voyageur qui arrive d'Europe un charme fascinateur; elle devait séduire Regnault par son site pittoresque, par son architecture bizarre, par les costumes qui ont gardé le jet libre et puissant de la draperie antique et surtout par la richesse et la variété des types humains, pleins de caractère et de physionomie, qui affluent les jours de marché dans les bazars.

C'était déjà une vision anticipée de l'Orient, la terre radieuse où la couleur s'absorbe dans la lumière avec

---

Alhambra, porte intérieure, aquarelle, E. n° 101; V. n° 34, 750 fr. — *Fontaine dans l'Alhambra*, aquarelle, E. n° 106; V. n° 39, 1,525 fr. — *Alhambra*, étude, esquisse à l'essence sur papier, E. n° 107; V. n° 40, 300 fr. — *Première cour de l'Alhambra*, dessin, E. n° 231; V. n° 106; — *Alhambra, Patio des lions*, dessin, E. n° 232; V. n° 107. — *Alhambra Mirador de Lindaraja*, dessin, E. n° 233; V. n° 108.

[1] *Galerie et porte de l'Alcazar de Séville*, peinture, E. n° 53; V. n° 13, 4,200 fr. — *Étude de l'Alcazar de Séville*, aquarelle, E. n° 105; V. n° 38, 250 fr. — *Alcazar de Séville*, études, E. n° 240 à 245; V. n° 113 à 118.

H. B. — H. R.

d'étonnantes finesses pour faire corps avec elle, où la lumière se glisse dans les intérieurs les plus mystérieux, et enveloppe tous les objets, sans vive opposition d'ombre, par le discret éclat du reflet.

Après un premier et très-court séjour à Tanger, il revient à Gibraltar, et traverse une seconde fois le détroit, en compagnie de M. Clairin.

« Ils louent, dit M. Timbal [1], dans un quartier de la ville, voisin de celui des Juifs, une maison qui avait, par fortune, une porte donnant sur une impasse, de telle sorte que l'on pouvait entrer et sortir sans être vu : condition importante pour des peintres qui comptaient faire poser chez eux tous ceux qu'ils décideraient par des séductions bien sonnantes. Un musulman qui fréquente la maison d'un chrétien court mille vexations; quant aux femmes, leur faiblesse les expose à recevoir des coups de bâton, dont le nombre varie entre deux et trois cents. Les précautions n'étaient donc pas superflues, et ils avaient eu la main heureuse dans leurs recherches.

« Une fois maîtres de la maison, ils en arrangèrent la cour intérieure, le vieil atrium antique, dont l'usage s'est conservé en Orient, de manière qu'elle pût leur servir d'atelier. Un toit de verre les défendait de la pluie, sans leur retirer les mille ressources d'ombre et de lumière que le soleil leur apportait. C'était l'hôte ami qui avait toujours droit d'entrée dans la maison et qu'ils chargeaient du soin de faire valoir les ornements empruntés à l'Alhambra, dont

---

[1] Timbal, *le Français*, 23 mars 1872.

sans crainte d'une inutile fatigue ils avaient embelli les murs et les colonnes de leur patio. »

Ces peintures à fresque d'un nouveau genre devaient en même temps décorer l'atelier et servir de rehauts aux modèles que Regnault voudrait étudier et reproduire.

« Tout meuble qui rappelait l'Europe, continue M. Timbal, fut chassé du sanctuaire; on y vécut sur des tapis; on relégua dans des pièces cachées les ustensiles du ménage et les engins de peinture.

« Toute une petite smala de domestiques fut attachée à la maison. Le palefrenier était une espèce de Triboulet, aux jambes gonflées par l'éléphantiasis, qui n'en était pas moins le premier cavalier de Tanger : il s'appelait Ali Pata. Aïscha, bonne petite moresque, faisait le ménage; c'était elle qui était chargée du soin difficile et dangereux d'introduire les amies qui se décideraient à laisser faire leur portrait.

« Que de journées charmantes s'écoulèrent ainsi. »

Néanmoins H. Regnault quitte encore une fois Tanger : il traverse Séville, Cordoue [1] et Grenade [2], et franchissant la Sierra Nevada, il arrive à Guadix [3],

---

[1] *Étude de la Mosquée de Cordoue*, dessin, E. n° 249; V. n° 123.

[2] *Colonnade du Patio des lions à l'Alhambra*, peinture, esquisse appartenant à Mlle Geneviève Bréton. E. n° 59.

[3] Guadix est une petite ville de la province de Grenade, située sur les bords du fleuve du même nom. — *Guadix*, crayon noir, fusain, mine de plomb. E. n°s 255, 256, 258, 261, 263, 264, 268, 269, 270, 271 ; V. n°s 129, 130, 135, 137, 138, 142, 143, 144, 145.

et traduit son admiration dans ces splendides panoramas d'un modèlé exquis et d'une vigueur étonnante où il montre une science peu commune de la perspective aérienne.

Bientôt, il reprend le chemin de son cher Tanger : Regnault avait la pensée de s'y installer pour quelques années et il comptait aller passer au Maroc une ou plusieurs saisons, comme d'autres vont à Bougival ou à Fontainebleau.

Il acheta un terrain sur la route de Tanger à Tetouan, hors la ville, dans un quartier qui, pour tout autre que lui, — tant était grand le respect qu'il inspirait aux indigènes, — n'aurait pas présenté au point de vue de la sécurité toutes les qualités désirables; il choisit le terrain assez grand pour y construire une maison d'habitation avec un vaste atelier et ses dépendances (chenil, écurie, basse-cour), et il en élevait déjà les murs qui, hélas, devaient rester à l'état de ruines, avant d'avoir été achevés.

Il travaillait néanmoins avec ardeur, heureux d'avoir reconquis sa liberté; car si Regnault admirait Velasquez et les maîtres de l'École espagnole, il n'aimait pas à chercher son aspiration ailleurs que dans la nature.

Aussi, peu de temps après son retour de Tanger, se donnait-il pleine carrière; il peint successivement un nombre considérable de tableaux, d'aquarelles, comme s'il avait conscience que ses jours étaient comptés.

C'est d'abord la *Sentinelle marocaine à la porte d'un bascha* qui fut mise en vente, par M. Allou, au commencement de février 1872, à l'hôtel Drouot, et qui fut achetée 24,000 fr. par M. le Baron Ed. de Rothschild [1].

C'est un *Patio à Tanger* [2], et un *intérieur de harem marocain* [3], deux toiles, où des femmes assises sur des coussins ou nonchalamment étendues sur des tapis, font le *kief*, c'est-à-dire se livrent à toutes les douceurs du rien faire oriental. Le sujet est le même : mais il y a d'importantes variantes de personnages et d'architectures, ce qui est l'essentiel, car les personnages sont à peine esquissés, et cependant quelques traits, jetés comme au hasard, font sentir qu'il y a là dessous une forme humaine, un mouvement, en un mot la vie. Devant ces tentures et ces tapis qui présentent des puissances et des bonheurs de contrastes à la fois suaves et ardents, on pense, comme on l'a dit, à des mosaïques veloutées : et seuls, ceux qui ont vu ces pays aimés du soleil peuvent comprendre toute la valeur de cette colonne d'un blanc laiteux qui rayonne avec une intensité qu'aucun peintre encore n'avait pu traduire.

C'est le *Départ pour la fantasia à Tanger* [4], qui appartient à M. Fressinet de Marseille. Un marocain à cheval, tient un long fusil négligemment posé sur l'épaule ; le corps renversé un peu en arrière, il retourne la tête pour adresser quelques mots à un jeune maure qui s'en va courant auprès de lui.

[1] E. n° 60.
[2] E. n° 62.
[3] E. n° 63 ; V. n° 18 ; 5,150 fr.
[4] E. n° 61.

C'est une grande toile d'une peinture très-savante mais volontairement étrange, vigoureuse de conception et de coloris, l'*Exécution sans jugement sous les rois Maures de Grenade.*

« Debout à l'entrée d'un palais mauresque, un bourreau aux carnations bronzées, à la longue tunique rose vient d'accomplir sa sinistre besogne. A ses pieds gît, dans cette attitude strapassée et gauche qui contracte, dit-on, les membres des décapités, le cadavre d'un personnage somptueusement vêtu. La tête a roulé, exsangue et livide, sur les premières marches de l'escalier; une large flaque de sang vermeil s'étale sur les dalles blanches. Le bourreau, infiniment sérieux et satisfait d'avoir accompli son rôle selon les règles de l'art, essuie tranquillement au pan de sa robe la lame de son yatagan. »

Sur le visage de l'exécuteur, il n'y a ni joie, ni remords, il n'y a ni cruauté, ni colère : il est calme et indifférent devant cette tête coupée, qui vivante encore, grimace en le regardant; il a la conscience en repos : il a tué parce que c'était son droit et son bon plaisir. Où a commencé la tragédie qui vient de se dénouer? qu'importe! Le malheureux ainsi supplicié sur les marches d'un escalier paye de sa vie un sourire sans doute, un regard, un baiser cueilli sur les lèvres de quelque sultane désœuvrée.

« Dans cette donnée que Delacroix aurait naturellement tournée au tragique et qui, à vrai dire, n'est pas d'une gaieté folle, Regnault a vu surtout une occasion d'essayer des combinaisons de couleurs, des harmonies inédites. L'exécuteur, nous l'avons dit, a les chairs brunes d'un Africain; sa robe est d'un ton pareil à celui des roses à demi-séchées, un étroit linge blanc entoure son front. Ainsi conçue dans une gamme dont la vigueur s'atténue par les reflets d'un jour intérieur, cette figure se détache sur un fond scintillant et clair, le vestibule d'un alhambra chimérique où l'arabesque étincelle aux murailles, où les mille reliefs des stucs peints et dorés brillent dans une lumière fauve. Si donc on excepte le bandeau blanc qui illumine le front du personnage, l'effet est cherché dans la lutte mélodieuse des analogues, les roses éteints jouant avec les jaunes roux, et les orangés avec les dorures.

« A la rigueur, Regnault aurait pu en rester là. Mais intrépide jusqu'à l'imprudence, il a adopté un autre système pour la partie inférieure de son tableau. Les marches de l'escalier blanc, les taches pourprées du sang répandu, la tête cadavéreuse et déjà verdissante, le corps du décapité luxueusement habillé d'un vêtement de soie verte, qu'avive une ceinture cerise, constituent un ensemble de notes puissantes et gaies qui s'exhalent par leur juxtaposition, mais qui, si l'on voulait examiner la thèse au point de vue littéraire, sont peut-être un moyen singulier pour exprimer l'émotion que devrait produire une scène aussi lugubre [1]. »

On raconte qu'à Tanger, il lui prit un jour fantaisie de se faire dire la bonne aventure par une gitana; il la fit entrer dans son atelier, moins pour

---

[1] P. Mantz, p. 81.

connaître l'avenir, que pour étudier peut-être de près son costume ou son type, et celle-ci, au milieu de prédictions insignifiantes et banales, en voyant l'*exécution sans jugement*, lui dit : « toi aussi, du sang. »

L'*Exécution sans jugement*, qui fut exposée quelques jours seulement à l'Ecole des Beaux-Arts, parmi les envois de Rome 1870, fut envoyée par Durand Ruel à Londres au commencement de septembre 1870, pour être vendue : heureusement il ne se présenta pas d'acquéreur, et le musée du Luxembourg pourra s'enorgueillir de cette œuvre que M. Regnault père a cédée au gouvernement français [1].

C'est enfin la *Sortie du pacha à Tanger*, le dernier tableau auquel il ait travaillé et celui où se résument le plus complétement ses qualités merveilleuses de dessin et de coloris, sa possession de la lumière, son faire si original [2].

L'empereur du Maroc, à la porte de son palais, s'avance à cheval, au milieu d'un brillant état major, entre deux haies de soldats.

C'est un pêle-mêle d'hommes, de chevaux, d'armes et d'étendards, composé et peint comme pour un tableau d'histoire. Il y a là un éclatant et harmo-

---

[1] E. n° 64.

[2] E. n° 50 ; V. n° 19. A la vente du 5 avril 1872, l'enchère de 7,000 fr. a été couverte par une surenchère de 3,000 fr. faite d'un seul coup par M. Haro. Le public, croyant que M. Haro était investi d'un mandat pouvant aller jusqu'à une somme beaucoup plus considérable ou interloqué par ce coup rapide et vigoureux, s'est tenu coi. M. Haro a gardé le tableau. Quelques instants après, on lui offrait un bénéfice de 5,000 fr. qu'il a refusé.

nieux fouillis de formes et de couleurs, où les tons se dégradent et s'opposent à merveille.

Regnault joue avec les blancs, comme il a joué avec les rouges dans le *Portrait de Mme Duparc*, ou les jaunes dans *la Salomé;* il superpose trois blancs les uns aux autres : « il y a un mur vu de face, et éclairé de manière à réfléchir la lumière ; cependant, ce n'est pas cette partie qui est la plus lumineuse; il y a, précisément au-dessus une surface horizontale où le soleil donne directement ; c'est là qu'est la partie la plus lumineuse, la plus haute valeur du blanc. En arrière, est une ombre un peu violette, c'est la partie de la même surface qui se trouve à l'abri du soleil. A droite, il y a deux murs, dont l'un se détache sur l'autre, celui de devant blanc comme la craie, celui de derrière crémeux et rosé. Au fond il y a des blancs très-légèrement atténués ou colorés par la distance. Et, avec une incomparable hardiesse, le peintre a placé contre ce fond un cheval à croupe blanche qui se détache blanc sur blanc. On se demande comment il y a réussi, on ne peut que le constater [1]. »

Et cependant qu'était tout ce qu'il avait déjà produit auprès de ce qu'il comptait faire !

Il rêvait avec un de ses amis un voyage dans l'Inde, il en caressait depuis longtemps la chimère, et il écrivait à cet ami :

« Partons jeunes pour être émus, pour pouvoir nous assimiler et boire le soleil... et revenons jeunes pour créer avec force. »

[1] Ath. Coquerel, *Revue littéraire*, 1872, p. 986.

Dans une autre lettre adressée à M. Arthur Dupare [1], il parle encore des voyages qu'il projetait de faire :

Je crois, Dieu me pardonne, que le soleil qui nous éclaire n'est pas le même que le vôtre, et je vois de loin avec terreur, le moment où il faudra recontempler l'aspect lugubre de nos maisons et de nos foules.

Mais avant, je veux faire revivre les vrais maures, riches et grands, terribles et voluptueux à la fois ; les vrais maures, ceux qu'on ne voit plus que dans le passé. — Puis, Tunis, puis l'Égypte, puis l'Inde. C'est l'Inde que je rêve pour le couronnement de ma folie. Je monterai d'enthousiasme en enthousiasme, je me soûlerai de merveilles, jusqu'à ce que, complétement halluciné, je puisse retomber dans notre monde morne et banal, sans craindre que mes yeux perdent la lumière éclatante qu'ils auront que pendant deux ou trois ans.

Quand, de retour à Paris, je voudrai voir clair, je n'aurai qu'à fermer les yeux, et alors mauresques, fellahs, hindous colosses de granit, éléphants de marbre blanc, palais enchantés, plaines d'or, lacs de lapis, villes de diamants ; tout l'Orient m'enivrera de nouveau. Ah ! la lumière, quelle joie et quelle musique !

Il n'avait encore donné que la moitié de lui-même : et il a emporté avec lui, enfermé dans son cerveau, le secret des trésors que nous étions en droit d'attendre de son génie et que seuls ont pu entrevoir les confidents de ses plus chères espérances.

« Parmi cent projets interrompus par sa mort glorieuse, dit Th. Gautier [2], Henri Regnault caressait un rêve de tableau gigantesque, dans des proportions à la Paul Veronèse. C'était une sorte d'apothéose de l'Islam, dont Clairin, le *fidus Achates* de Regnault,

---

[1] *Le Correspondant*, nov. 1871, p. 760.
[2] *L'Illustration*, 1872, p. 91.

le témoin de sa vie, le confident de ses pensées, nous a décrit la composition.

« Le calife, l'émir Al-Mouménin, le commandeur des croyants, pour employer le style des Mille et une Nuits, se tenait debout au seuil d'un palais de la plus riche architecture arabe dont les portes s'entr'ouvraient comme celle d'un tabernacle. Un fleuve où se reflétait en tremblements lumineux la féerique construction amenait aux pieds du calife, sur des barques traînant des tapis dans l'eau, les armures damasquinées et niellées d'or, les vases d'argent, les coffrets incrustés de nacre, les bijoux constellés de pierreries, les brocarts brillants d'orfroi, les étoffes splendidement rayées, toutes les richesses des peuples vaincus, et surtout, butin encore plus précieux pour le peintre que pour le calife, les belles captives blondes ou brunes aux cheveux tressés de perles, les prisonniers frémissants, les bras liés au dos, et sur un plat d'or d'un curieux travail, la tête du roi ennemi tué dans la bataille.

« Ce triomphe devait se dérouler à l'aise en un cadre immense. Regnault avait fait élever, pour le contenir et l'exécuter, un vaste atelier à Tanger, et déjà les toiles étaient cousues, les châssis cloués ; de nombreuses études avaient été faites et de ces études la collection qu'on nous a permis de voir en contient une du plus vif intérêt.

« C'est l'Alhambra imaginaire, plus splendide que le réel, que Regnault avait créé pour son calife. La disposition est celle que Clairin nous avait indiquée. Au milieu de la façade toute brodée de guipures découpées dans le stuc, plaquée d'azulejos, rayée d'inscriptions à la gloire de Dieu et du sultan, mêlant à des enroulements de fleurs leurs caractères cufiques, historiée de colonnettes en albâtre oriental ou en jaspe fleuri, s'ouvre le porche aux battants de cèdre, au fond duquel devait apparaître, comme dans une fournaise d'or :

> L'émir pensif, féroce et doux.

« Telle devait être l'architecture servant de fond à ces personnages symbolisant les diverses races de l'Islam, au temps de l'invasion sarrazine, quand l'Orient débordait sur l'Occident et que le croissant faisait reculer la croix. L'artiste comptait beaucoup sur ce tableau pour sa gloire future, car il n'attachait aucune importance à ce qu'il avait fait jusqu'alors. Pour lui, le *Triomphe de l'Islam* était achevé : il le voyait scintiller devant ses yeux comme un rayon de lumière dans un monceau d'escarboucles. »

Hélas! au lieu d'être un tableau, au lieu d'être un des chefs-d'œuvre de l'Ecole moderne, cette conception grandiose n'a été qu'un rêve.

H. Regnault, dans une lettre adressée en juin 1870, à M. Arthur Duparc [1], a décrit la vision éblouissante qui remplissait son cœur et ses yeux, avec un luxe d'images et de couleurs, pareil à celui qui eût illuminé son tableau : malgré les doubles emplois qu'elle renferme avec la citation empruntée à M. Th.

[1] *Le Correspondant*, nov. 1871, p. 759.

Gautier, nous la reproduisons, parce qu'elle en est l'utile complément :

Avant de mourir, je veux faire une œuvre importante et sérieuse où je puisse lutter avec les difficultés qui m'excitent, sur un champ digne d'une grande bataille, et quelle qu'en soit l'issue, quand tu viendras à Tanger, tu me trouveras en face d'une toile immense où je veux peindre tout le caractère de la domination arabe en Espagne.

J'espère bien rencontrer dans l'histoire des Maures un fait historique qui se rapportera à ce que je veux faire et contentera tout le monde. Je commencerai toujours et si je puis baptiser mon tableau avant qu'il ne me quitte, tant mieux ; si non, j'invente un fait et je renvoie les critiques au chapitre 59,999 d'une histoire arabe indiscutée, mais détruite dans l'incendie ou le sac d'une ville.

Les deux immenses portes, bleu et or, de la Salle des Ambassadeurs viennent de s'ouvrir sur une galerie dont les gradins sont baignés par un fleuve ou un lac, sur les bords duquel mon palais est bâti.

Le roi maure paraît, armé et recouvert de ses plus fins tissus, sur un cheval richement caparaçonné. Il est impassible et regarde on ne sait où, comme le sphinx, comme une idole, comme un élu enfin, un descendant du prophète, un être adoré, encensé !

Aux pieds de son cheval, un héros, un général en chef des armées est humblement prosterné et dépose son épée. Il vient de conquérir une province ou une ville et l'offre à celui qu'on ne regarde qu'en tremblant et à genoux.

Sur les marches de marbre blanc que recouvrent de somptueux tapis sont échelonnés des guerriers (les plus beaux des officiers) qui rapportent les drapeaux pris à l'ennemi.

Deux barques sont attachées à ces marches, et dans ces barques de beaux nègres gardent un groupe de femmes captives, les plus belles chrétiennes de la province. Elles seront présentées au roi après les drapeaux, et celles sur qui son regard daignera s'arrêter seront conduites au harem. A la proue d'une des barques, une tête coupée est clouée, la tête d'un chef chrétien.

Tout est or, étoffes merveilleuses ; tout est élégance : architecture, hommes, femmes; tout est précieux : armes, marbres, pierreries, chairs de femmes, etc.

Au milieu, le despote indifférent, insouciant comme les mahométans ; le roi regarde à peine le général victorieux. Les portes de son tabernacle s'écartent, et comme une idole enfermée et dont le temple s'ouvre, il est là, objet d'adoration.
Les femmes seront demi-nues….
Mais je suis fou de t'écrire un tableau, tu le verras.

Avez-vous remarqué comme il ne voit que *beauté* et *élégance*, *richesse* et *splendeur?* Avez-vous remarqué le premier et le dernier mot de ce fragment: *Avant de mourir…. tu le verras?*

Ami, tu vas mourir, et personne ne verra ton tableau.

Regnault inspirait aux Arabes un grand respect : tel apparut Bonaparte en Égypte ; les peuples enfants ont pour les hommes supérieurs qui s'imposent à eux de toute la puissance de leur génie une sorte de religion que nos civilisations égalitaires n'admettent plus. Et non contents de l'entourer de leur vénération pendant sa vie, les indigènes professent encore pour sa mémoire un véritable culte : ils ne voulaient pas croire qu'il fût mort, ils le croyaient immortel.

Quant à lui, il avait foi dans son étoile.

IV

Au commencement d'août 1870, alors que la confiance était encore dans tous les esprits, Regnault écrivait à son père :

> Laissez donc mon frère aller à son poste. Je voudrais bien y être aussi, et si les choses vont mal, je n'y serai pas le dernier.... En somme, on en revient. Toute tête en ligne n'est pas abattue. Il faut avoir foi dans son étoile.

Regnault était encore à Tanger, le 5 septembre 1870, lorsqu'il apprit le désastre de Sedan et la proclamation de la République. Patriote autant qu'artiste, il ne pouvait rester indifférent aux malheurs de la France, et tandis que d'autres auraient cherché à s'abriter derrière un privilége, il estimait que sa place était là où l'on se battait.

Devant l'héroïque résolution de Henri Regnault, qui abandonne ses pinceaux et qui prend un fusil, on pense involontairement à Michel Ange, quittant son atelier pour défendre Florence, sa patrie, contre les hordes de Charles-Quint.

Malgré l'exemption légale que lui conférait son prix de Rome, malgré le jugement des maîtres et l'adhésion des camarades qui déclaraient son existence indispensable aux destinées de l'art français, malgré la certitude d'un avenir glorieux, il partit.

Qui aurait jamais songé, pauvre ami, à te reprocher de t'être abstenu ? tu en avais le droit et peut-être le devoir. Nous compterions un grand peintre de plus et la France aurait pu se vanter plus tard avec orgueil de ses chefs-d'œuvre.

Mais, lui, il n'avait qu'un désir : défendre son pays les armes à la main, et qu'une crainte : ne pas rentrer à Paris avant l'investissement.

Arrivé le 10 septembre, il s'engagea dans le corps des éclaireurs Lafont et Mocquard : il en sortit pour donner satisfaction à de tendres sollicitudes, mais à la condition de rejoindre un ami dans les compagnies de guerre de la garde nationale : il s'enrôla dans la 2ᵉ compagnie du 69ᵉ bataillon.

Regnault dessinait toujours ; j'ai vu quelques dessins de lui qui portent la date de 1871, et qui, crayonnés en courant, témoignent toujours un faire merveilleux.

Ce sont des portraits de circonstance, des portraits de gardes nationaux : c'est M. Victor Duruy, couvert de la peau de bique qui le garantissait du froid dans les nuits de faction au rempart. Notre cher maître, lui aussi, avait quitté la plume de l'historien pour le fusil du garde national, l'ancien ministre était devenu simple soldat, donnant l'exemple de ce que peut inspirer l'amour de la patrie et le sentiment du devoir, et j'ai revu avec plaisir sa bonne physionomie franche, ouverte, et même martiale [1].

C'est M. A. Bida, sous la capote grise du volontaire de la 6e du 21me. — « Voyez combien c'est gras, » me disait-il lui-même, en me montrant ce dessin [2].

C'est encore du siége de Paris que datent trois aquarelles que l'on dirait exécutées en plein Orient : elles furent pour la première fois révélées au public par Th. Gautier [3] avec des mots qui peuvent presque remplacer la vue des choses, et furent exposées successivement au Cercle de l'Union artistique en février 1872 et à l'Exposition des œuvres du peintre à l'École des Beaux-Arts en mars 1872.

La première a pour titre : *Hassan et Namouna* [4], la seconde, *Haoua, intérieur de Harem* [5], la troisième, *Intérieur de Harem* [6].

Dans ces trois aquarelles, commencées entre deux gardes aux avant-postes et à peine achevées, les personnages sont un peu sacrifiés : mais les fonds, les tapis, les étoffes, les accessoires brillent d'un éclat opulent ; les couleurs disparates, semées à profusion, se résolvent cependant, par une savante com-

---

[1] Dessin, E. n° 235.
[2] Dessin, E. n° 234. — Il existe deux autres portraits de M. Bida par H. Regnault; dans l'un, qui est un bijou de finesse, M. Bida est représenté dessinant; il est signé : *A Madame Catherine F., le petit Regnault*.
[3] Th. Gauthier, *Journal officiel*, *Tableaux du siége de Paris:* Paris, 1872; l'*Illustration*, 2 mars 1872.
[4] Aquarelle, E. n° 108, appartient à Mlle G. Bréton.
[5] Aquarelle, E. n° 109, appartient à Mlle G. Bréton.
[6] Aquarelle, E. n° 110, appartient à Mlle G. Bréton.

binaison de tons, en une suprême harmonie. C'est un éblouissement, c'est une orgie de lumière et de soleil et le dessin est souple et pur, autant que la couleur ferme et puissante.

Le 16 janvier, dans une vente de charité organisée au ministère de l'Instruction publique, on vendait encore, au profit des blessés, quelques aquarelles qu'il avait laissé tomber de son pinceau et qu'il avait données à Mme Manuel.

Alors que nous commencions à douter du succès et à comprendre que Paris capitulerait devant la faim, Regnault espérait encore, et voici ce qu'il écrivait, le 15 janvier 1871 :

« Nous avons perdu des hommes et beaucoup ; il faut en refaire et les faire meilleurs et plus forts. La leçon doit nous servir, ne nous laissons plus amollir désormais.... Que chaque citoyen donne l'exemple : la vie pour soi seul n'est plus permise, l'égoïsme doit fuir et emporter avec lui cette fatale manie de mépriser ce qui est honnête et bon. Hier encore, il était d'usage de ne croire à rien ou de ne croire qu'à l'immoralité, aux droits de toutes les passions mauvaises.... Aujourd'hui la république.... nous commande à tous une vie pure, honorable, sérieuse. Tous, nous devons payer à la patrie le tribut de notre corps et de notre âme. Le bien que l'une et l'autre peuvent produire, nous devons le lui offrir sans réserve. Toutes nos forces doivent concourir au bien de la grande famille, en pratiquant nous-mêmes et en développant chez les autres les sentiments d'honneur et l'amour du travail. »

Joignant l'exemple au précepte, H. Regnault a suivi le chemin qu'il montrait aux autres.

En face de ceux qui, plutôt que d'exposer leur chère vie aux dangers et aux fatigues de la campagne et du siége, auraient volontiers laissé honteusement périr la France, sans même sauver son honneur, pour lui conserver une aristocratie intellectuelle; en face de ces Ugolins du patriotisme, comme on pourrait les appeler, « celui qui sacrifia, ainsi que l'a si bien dit notre ami Emm. Des Essarts, sans hésitation, à la France, sa jeunesse, sa gloire certaine, son amour et son admirable talent, apparaîtra toujours comme un type poétique et patriotique à la fois, avec la beauté touchante des chutes tragiques et prématurées, et le sympathique rayonnement des génies interceptés à travers leur course radieuse, unissant, dans la fatalité comme dans l'exemple de sa fin, le trépas élégiaque de Géricault à la mort légendaire de Barra. »

C'est le jeudi 19 janvier 1871 que H. Regnault est tombé sur le champ de bataille de Buzenval, dans le suprême et inutile effort de Paris pour tendre la main aux armées de secours.

Il se trouvait, avec son bataillon, devant ce maudit mur du parc qui devait arrêter trop longtemps notre colonne de droite. Toute la journée, il demeura à deux cents pas du mur, sans pouvoir tirer un coup de fusil, car l'ennemi ne se montrait pas. Vers quatre heures et demie, alors que tout espoir d'enlever la position était perdu, la retraite sonna; les gardes nationaux descendirent la colline en se repliant : Regnault ne bougea pas. Un de ses camarades courut à lui, lui disant de partir. « J'ai mis dans ma tête de ne revenir qu'après avoir tué un Prussien, dit Regnault! je reste. »

Hélas, il ne devait plus revenir!

Il mourut seul : ses camarades croyaient qu'il les avait suivis.

Qui a commis le meurtre? on ne le saura jamais. Celui qui l'a frappé est-il mort, ou est-il heureux dans sa famille? Dort-il sur la terre française ou déshonore-t-il notre pauvre Alsace, notre malheureuse Lorraine? Peut-être est-ce un étudiant frais et rose, qui verserait de belles larmes s'il savait ce qu'il a fait. Peut-être est-ce un de ces trop nombreux parasites auxquels nous donnions l'hospitalité dans nos comptoirs, dans nos ateliers et jusque dans nos familles? Assurément il n'a pas visé. C'est si bête une balle. Il n'y a qu'à la laisser faire [1].

Le lendemain, vers cinq heures du soir, un ambulancier, explorant le champ de bataille, remarqua dans une allée un soldat couché, la face contre terre; espérant qu'il n'était qu'évanoui, il retourna le corps : le corps était froid, le visage meurtri était plaqué d'un masque de feuilles humides. Il ouvrit la capote de drap marron que portaient les gardes de ce bataillon, lut sur une carte cousue à la doublure :

Regnault, peintre,
fils de Regnault (de l'Institut).

Et au-dessous, une adresse. L'ambulancier rapporta un médaillon, un bien cher souvenir, et un capuchon ensanglanté. Préoccupé avant tout de relever

---

[1] L'Allemagne n'a plus à nous objecter son Kœrner : nous avons dans Henri Regnault une plus grande victime.

ceux qui vivaient encore, il continua ses recherches, se promettant bien de revenir près de notre ami; mais l'armistice consenti ce jour-là par les Prussiens venait de cesser, et l'ennemi, ne permettant plus à des mains françaises d'enlever du champ de bataille les cadavres, menaçait de tirer.

Dans le désordre abominable qui suit les batailles, le précieux cadavre disparut.

On ne retrouva pas H. Regnault parmi les gardes nationaux tués que les Prussiens avaient remis à nos brancardiers pour être ramenés à Paris; on en conclut qu'il fallait encore espérer; on aimait à penser que notre ami n'était que blessé et prisonnier, quoique la déclaration de l'ambulancier fût malheureusement trop précise.

C'est seulement le mardi 24 janvier, que M. G. Clairin, le compagnon intime, presque le frère de l'artiste, en compagnie de son oncle, M. Laudin, architecte du château de Meudon et de la manufacture de Sèvres, put retrouver les tristes restes de Regnault sous un monceau de cadavres, au milieu des autres victimes de cette suprême journée, déposées au cimetière du Père Lachaise.

Une balle prussienne l'avait atteint à la tête, au-dessous de l'œil, près du nez.

La mort avait dû être instantanée.

V

Le 28 janvier, tout ce que Paris possède d'hommes illustres dans les arts, les lettres et les sciences, et la 2ᵉ compagnie de guerre du 69ᵉ bataillon, s'était réuni à l'église Saint-Augustin pour rendre les derniers devoirs et les derniers honneurs à Henri Regnault. Le recueillement de la foule était profond. Ce deuil suprême semblait résumer tous les deuils de la patrie. On sentait qu'une vie précieuse venait d'être tranchée ; on comprenait qu'un pays n'existe que pour produire un certain nombre d'intelligences d'élite dont les chefs-d'œuvre, transmis d'âge en âge, déterminent son rang parmi les nations civilisées.

L'orgue était tenu par Camille Saint-Saëns, un ami de H. Regnault, qui a exécuté divers morceaux de sa composition. Un épisode touchant, qui a vivement ému quelques amis intimes, c'est un air dolent et triste que notre pauvre Regnault chantait peu de jours avant sa mort, et que, par une pieuse pensée où il a mis toute son âme, Saint-Saëns a intercalé au moment de l'Élévation : c'était un souvenir sympathique et douloureux pour ceux à qui il était donné d'en comprendre le sens profond.

Nous avions là, devant nous, des vieillards qui pleuraient amèrement en voyant disparaître un artiste que son talent destinait à recueillir leur succession ; — des jeunes gens qui pleuraient en voyant s'envoler leurs souvenirs les plus précieux, leurs espérances les plus chères, mais qui étaient fiers d'avoir aimé ce jeune homme, qui, à vingt-sept ans, nous lègue des œuvres impérissables et un acte immortel ; — et cette pâle et belle fiancée, si grande en sa douleur, qui, à genoux au pied du cercueil ou appuyée sur le bras de son père, laissait échapper dans ses larmes et ses sanglots un long rêve de bonheur.

En annonçant à l'Académie des sciences la perte immense que nous venions de faire, le secrétaire perpétuel, M. J. Dumas, a résumé en quelques mots les liens qui attachaient H. Regnault à l'Institut et à la gloire de la France. « Cette grande douleur, a-t-il dit [1], vivement ressentie par tous, l'était plus particulièrement par trois classes de l'Institut : l'Académie française, dont l'aïeul d'Henri Regnault faisait partie ; l'Académie des sciences, dont son père est depuis longtemps l'honneur ; l'Académie des Beaux-Arts, qui perd en lui son espérance et son printemps. »

Le directeur de l'Académie de France, à Rome, a

---

[1] *Compte-rendu de l'Académie des sciences*, 30 janvier 1871, p. 117.

voulu témoigner des regrets que la mort de H. Regnault laissait à l'Académie et à l'art français, en faisant voiler d'un long crêpe de deuil le drapeau tricolore qui flotte sur la façade de la Villa Médici.

En 1871, à l'exposition des œuvres des pensionnaires de Rome, à la place où devait figurer son envoi de 4ᵉ année, on vit un chevalet drapé de noir et tristement décoré d'un rameau vert.

L'exposition de ses œuvres du 12 au 31 mars 1872 a été tout à la fois une sorte de bout de l'an à son héroïque mémoire et une brillante solennité pour l'histoire du jeune art français.

La foule qui n'a cessé de se presser à l'École des Beaux-Arts, allait sans doute satisfaire le plaisir de ses yeux, et contempler les chefs-d'œuvre exposés : mais elle y allait aussi par religion, comme à un pieux et patriotique pèlerinage, pour honorer une chère mémoire et pour entourer ces saintes reliques d'un culte mélancolique. Cet hommage ne fait qu'augmenter notre admiration et nos regrets.

Ce qui frappe, c'est l'infinie souplesse de son esprit et de son pinceau qui s'attaque à toute forme plastique ; types, portraits, costumes, architectures, animaux, etc.; c'est la somme de travail qui y est amassée sous forme de tableaux (65), aquarelles (30), dessins, etc. (147); ensemble 277 numéros; c'est la conscience que l'artiste au crayon si facile et au pinceau si délibéré, apportait à ses études, c'est le soin qu'il prenait de rectifier un croquis, une ébauche par une note, de compléter les indications de couleur qu'il ne pouvait rendre, c'est la preuve qu'il ne peignait qu'après s'être patiemment préparé à son travail.

De cette précision patiente avec laquelle il analysait les détails d'un mouvement ou d'une ornementation, je ne veux pour témoignage qu'une note écrite de sa main, que j'ai transcrite sur les marges du dessin exposé au Palais des Beaux-Arts, n° 221, et que le Catalogue a désigné par ces mots : *Avila (Espagne)*, 1868, *croquis à la plume*.

> Les crêtes des terrains et des murs éclairés d'un jour blafard. Au fond, le groupe de maisons 1, d'un gris plus coloré que terrain ; 2, derrière, le palais de la reine, blanc, puis la grande ligne rose de la caserne ; devant, toits en tuile gris rouge. Après la caserne, terrains gris chauds, et quelques notes d'arbres dépouillés de feuilles, au-dessous de la terrasse du palais. Au fond tout à fait, une petite note de bleu fin sur la montagne qui apparaît, au milieu d'un petit éclairci. Nuages gris froid. — En 3, un éclairci blafard, qui fait enlever en vigueur la masure. — A côté du groupe 1, débris de mur en briques, avec quelques touches blanches de plâtre sur la crête. Le bas de la masure, pierres déchaussées. — Au-dessus, le plâtre sali, verdi, noirci, allant se réchauffant, vers la droite ; le débris de mur à droite très-chaud, se détachant sur 4, plâtre plus blanc, verdâtre et plus clair. — Terrain d'un gris chaud, d'une valeur plus claire en 5 qu'en 6, — 6, et la figure du crevé (*sic*) dans la demi-teinte. L'assassin avec un costume marron foncé et un foulard jaune cadmium.

Y a-t-il assez de précision dans ce langage coloré ; il a fait cela en courant et il a tout vu, tout senti, tout noté ; il est vrai que lorsque l'expression ne vient pas assez vite, il va la chercher volontiers dans le vocabulaire de la musique ou même de l'argot.

Rapprochez cette note du billet intime que nous

avons publié[1] et vous verrez que la netteté était chez lui la qualité maîtresse.

Et tout n'était pas là, notamment l'original de l'*Automédon*, la *Judith*, etc.

La vente des tableaux, aquarelles et dessins d'Henri Regnault a eu lieu le 5 et le 6 avril 1872, et l'empressement du public a répondu aux espérances que l'Exposition au palais des Beaux-Arts avait fait concevoir. La direction des musées a fait des acquisitions considérables, et les vrais amateurs se sont disputé les œuvres les plus remarquables; chacun a voulu avoir son Regnault, gros ou petit, peinture, aquarelle ou dessin. Une pensée consolante, c'est que, à part l'*Automedon* et quelques aquarelles, toutes les œuvres sont restées en France.

La mise à prix de M. Haro, expert chargé de la vente, a été toujours atteinte, et presque toujours dépassée, souvent même dans de fortes proportions.

Les aquarelles ont atteint relativement les prix les plus élevés.

Les 110 dessins se sont adjugés à 100 fr. chacun en moyenne, peu sont tombés au-dessous de 60 fr. et quelques-uns ont atteint 400 fr., et il faut dire que la plupart méritent plutôt le nom de croquis ou de coups de crayon.

La première journée a produit 137,160 fr.; la seconde, 11,715 fr. : en tout 148,875 fr. pour 150 numéros, somme énorme si l'on considère la

[1] Voyez p. 38.

proportion considérable des œuvres inachevées, des études et des projets.

En tenant compte de ces chiffres déjà très-imposants, et de l'importance des œuvres adjugées dans les deux vacations, en parallèle avec celles qui n'ont pas été mises en vente, on peut hardiment estimer à un million l'ensemble des œuvres produites par H. Regnault.

VI

Voilà quelle fut la vie et quelle fut la mort de Henri Regnault : vie d'artiste, mort de soldat! Notre pauvre ami a eu la double gloire de vivre pour l'art et de mourir pour la patrie.

La vie de Regnault fut tout entière consacrée à la peinture : il y a là une unité vraiment remarquable, précieuse surtout pour l'artiste qui, à travers les évolutions naturelles et les transformations normales du génie qui se développe, subsiste dans la continuité de ses sentiments et de ses idées.

Amoureux de son art, H. Regnault en avait la conception la plus élevée, le sentiment le plus délicat : c'était comme une flamme intérieure qui brûlait en lui et qui l'illuminait.

Il cherchait à rendre la nature non telle qu'elle était, non plus belle qu'elle n'était, mais telle qu'il la voyait, par les yeux de l'esprit, c'est-à-dire transformée par l'idée créatrice.

Il avait une grande perspicacité, qui lui permettait de voir juste et de voir vite, une vigueur de pensée peu commune qu'il traduisait à sa manière, une conception forte de l'originalité intime et personnelle des types qu'il mettait dans tout leur relief; il découvrait à première vue la ligne caractéristique, le côté rare et singulier, la physionomie pittoresque et imprévue des choses exotiques ou des races étrangères.

S'il avait surtout l'instinct des beautés extérieures, il voyait aussi les dessous en même temps que les dessus, il saisissait le ressort caché des attitudes, démêlait le galbe des tournures à travers les plis des vêtements.

M. Paul Mantz a dit qu'il ne voyait ou plutôt ne voulait voir les choses que sous leur espèce pittoresque, qu'il ne creusait pas jusqu'à l'âme, que le côté moral le frappait peu, et qu'il y était presque indifférent.

Cette critique nous parait exagérée : Regnault n'était pas un peintre philosophe, ou plutôt il ne faisait pas de la peinture philosophique : mais il était idéaliste, il avait son idée, il en poursuivait la réalisation : c'est ainsi qu'il a fait de sa *Judith* et de sa *Salomé* les vivantes images, les symboles de la cruauté.

Cette préoccupation du symbolisme le suit toujours, et s'il n'a pas le don des larmes, il a le don du terrible; nous pouvons remarquer qu'il a toujours peint volontiers des sujets farouches ou sanguinaires. Cette prédilection singulière était-elle un pressentiment?

Les anciens auraient vu dans l'*exécution sans jugement* comme le présage d'une fin tragique. Ce sang répandu sur ces marches de marbre blanc, ce cadavre qui se tord dans les dernières convulsions de l'agonie, n'indiquent-ils pas une idée prédominante de mort et de mort cruelle.

Joignez à cela une rare distinction, car c'est là un fait curieux : malgré sa prodigieuse facilité, il prenait l'art trop au sérieux pour s'égarer dans les vulgarités de la charge ou de la caricature que nous aimions en France, parce qu'elle répondait à un des défauts de notre caractère : il sentait qu'il reste toujours dans l'artiste quelque chose de ces habitudes de plaisanterie malsaine.

Mais Regnault n'était pas seulement un artiste de fine race, c'était surtout un coloriste plein de vaillance.

Il avait un sentiment puissant et profond de la couleur, il voyait moins des lignes que des juxtapositions, des superpositions de tons, dont la dominante l'éblouissait; tout lui apparaissait à travers un prisme, qui décomposait la lumière et qui lui montrait le jeu vibrant des douces harmonies ou des contrastes violents, de secrètes affinités de nuances sous des disparates apparents.

Je n'en veux pour preuve que la préoccupation qu'il apportait à peindre les accessoires et qui l'a poursuivi, depuis la *Thétis* où le casque est un chef-d'œuvre d'orfèvrerie ornementale, jusqu'à ses dernières esquisses, demeurées inachevées, où il n'avait fait qu'indiquer les personnages souvent brossés comme un décor d'opéra et où il avait cependant déjà terminé les tapis, les tentures et les plafonds.

Mais sa couleur ne portait pas seulement sur la nature morte, il aimait aussi la couleur vivante des chairs qui palpitent.

« Regnault avait l'instinct de la couleur, il avait le don de la lumière, il la comprenait et savait la faire comprendre. Aussi ai-je admiré toutes les fois que j'ai eu l'occasion de le faire dans ses ouvrages et ces effusions de clarté, et un autre don qui se rapproche plus qu'il ne semble du premier, celui de comprendre la vie. Il voyait vivre, il saisissait la vie sur le fait et la rendait tout entière; il la saisissait non-seulement dans ce qu'elle a de général, mais aussi dans ce qu'elle a de caractéristique. Tout ce qu'il voyait vivre, il le montrait vivant, de sa vie propre et particulière [1]. »

Sans doute, il voyait les choses par leur côté pittoresque et même par leur côté terrible, mais c'est qu'il y trouvait une occasion de fondre ou de heurter les tons et les nuances, de dérouler ces harmonies de couleur dont il nous a donné la fête, et dont il a emporté le secret : s'il aimait tant l'Orient, c'était moins pour sa barbarie que pour sa splendeur.

Et il possédait les moyens matériels qui lui permettaient de réaliser ce qu'il avait vu : maître de sa féerique palette, il faisait ce qu'il voulait, et il le faisait d'une seule touche.

Du premier coup, il trouve le ton vrai : ce n'est

---

[1] A. Coquerel, *Revue politique et littéraire*, 1872, p. 983.

pas une peinture léchée, d'un fini précieux et presque puéril; c'est une peinture solide, puissante, ample jusqu'en ses finesses les plus exquises; car s'il se complaît aux magnificences de la couleur, il ne compromet jamais pour un effet l'élégance et la pureté du dessin.

Dans ses tableaux interrompus, dans les moindres esquisses qui étincellent, dans ses moindres aquarelles qui éblouissent; on sent que le tempérament et la science de l'artiste se font jour; on suit pas à pas, à travers les indications, les préparations et les notes complémentaires manuscrites, crayonnées à la hâte, les préoccupations du peintre ; on peut voir enfin quels étaient les procédés de H. Regnault.

Il a embrassé du premier regard l'horizon, divisé les plans, placé les personnages, retenu la couleur du ciel, le ton du terrain. — En dépit de la facilité étonnante que l'on remarquait en lui, il donnait des preuves incroyables de conscience : il s'astreignait à des labeurs dont tout autre eût été rebuté.

Il ne combinait pas ses fonds pour ses personnages : Il commençait par empâter ses fonds et ce n'est qu'après ce premier travail, qu'il superposait ses personnages.

Il avait une nouveauté singulière dans les procédés d'exécution, une superbe hardiesse dans l'attaque, un mélange de fougue et d'adresse qui ne se rencontre que chez les grands artistes; une infaillible habileté dans le faire, une merveilleuse certitude de main.

Th. Gautier raconte que H. Regnault se servait

de la main gauche pour peindre mais qu'il écrivait de la main droite. Je puis affirmer qu'il dessinait et peignait indifféremment de la main droite et de la main gauche : il lui est même arrivé, en se jouant, de dessiner des deux mains à la fois.

Il était doué d'une infatigable activité, d'une curiosité pénétrante et insatiable, qui lui faisait désirer de tout connaître.

En Italie, il avait appris l'Italien; en Espagne l'Espagnol; à Grenade, il déchiffre les inscriptions mauresques; à Tanger, il étudie l'Arabe.

On a comparé H. Regnault à Goya et à Delacroix. Je crois toute comparaison fausse : Regnault avait de plus que Goya un goût fin et une pureté exquise; de plus que Delacroix, une science profonde du dessin et une élégance charmante : Regnault était Regnault.

Ses maîtres : c'était Vélasquez plutôt que Raphaël, Goya plutôt que M. Ingres ou ses élèves : c'était surtout son inspiration. Son premier dessin connu n'a-t-il pas été fait d'après nature? il ne cherchait à imiter personne, il ne s'attachait pas aux traditions, il ne voulait pas ressusciter le passé.

Il avait un idéal devant les yeux, et souvent excessif, mais toujours inflexible dans ses volontés ou dans ses caprices, possédé par la passion, par la fièvre, par toutes les nobles maladies et toutes les mâles vertus de la jeunesse, sentant et pensant à outrance, ne faisant rien que par fougue et par enthousiasme, en peinture, comme dans sa vie, comme dans sa mort, il allait droit devant lui, vers un but nouveau, sans être jamais effrayé par une difficulté, sans jamais sentir ni sa main trembler ni son cœur faillir.

Néanmoins, Regnault était modeste, et lorsqu'un de ses amis lui disait, après l'apparition de la *Salomé*, qui lui avait valu la gloire de réunir autour de lui autant d'admirateurs fervents que de détracteurs passionnés :

« Tu sais, Riquet, il ne faut pas te griser : c'est beau, mais ce n'est pas encore un chef-d'œuvre.

— Je le sais, répondit Regnault; aussi je n'attache pas autrement d'importance à ce tableau; mais, tu verras, un jour je pense faire mieux. »

Il avait foi dans son art, mais c'est que, mécontent de ses œuvres dès qu'elles étaient finies, il accusait la défaillance de sa main, qui ne pouvait pas réaliser les rêves de son génie : l'idéal avait fui, et l'artiste, répétant la devise « Toujours plus loin, » croyait que rien n'était fait, s'il restait encore quelque chose à tenter.

Vis-à-vis de ses amis, il ne cherchait pas à faire valoir sa supériorité, il la cachait, pour ainsi dire, et s'il leur donnait un conseil, c'était sans morgue et avec un certain sentiment de défiance.

Sa loyauté et son dévouement étaient sans bornes.

Il était plein d'esprit, railleur, parfois même caustique, mais dès qu'il voyait que son mot avait porté un peu trop loin, non-seulement il savait s'arrêter, mais même s'excuser sans réserves.

H. Regnault a fait son portrait à l'âge de 17 ans[1] :

---

[1] Peinture, E. n° 1.

il a l'apparence débile, l'air timide, la physionomie douce, l'œil rêveur : déjà on voit courir sur le front et sur les lèvres des éclairs de génie.

Dans le buste que Barrias a sculpté après la mort de l'artiste, et dont l'aspect général est un peu trop dur, l'adolescent est devenu un homme : le visage, à la fois calme et ardent, respire le courage et la force; le front un peu bas est large et bombé, l'œil fier s'enfonce profondément sous l'orbite; les cheveux crépus et rebelles s'échappent en touffes indisciplinées. On s'arrête devant cette tête un peu étrange qui rappelle Lucius Vérus ou Caracalla; et on sent que l'on a sous les yeux l'image de « quelqu'un. »

Il y a un troisième portrait, qui nous paraît très-ressemblant : nous nous faisons un plaisir de le reproduire ici, en l'empruntant à M. Armand Dumesnil[1].

« Henri Regnault était de taille moyenne; mais son buste porté en avant, sa tête droite et très-ferme, prêtaient à sa personne ce quelque chose de viril qui commande l'attention. Il avait le teint mat; son front peu développé, coiffé de cheveux noirs assemblés en boucles, se présentait à vous de telle sorte que vous deviez d'abord y lire la volonté. Ses yeux ne démentaient pas cette première impression : ils étaient sérieux et profonds, ces yeux d'où partait comme un trait, une lumière rapide, qui savait plus sûrement que tous les appareils prendre l'empreinte

---

[1] A. Du Mesnil, *Paris et les Allemands, journal d'un témoin*. Paris, 1872, p. 284.

des couleurs et saisir dans les choses leur caractère caché. Sa barbe, qu'il portait pleine et dont il prenait grand soin, laissait voir ses lèvres d'un dessin correct, avec une ombre de sensualité. Ses mouvements étaient ceux des félins; silencieux et lents à l'ordinaire, inattendus parfois et d'une inconcevable souplesse, quand le milieu où il se trouvait autorisait ces détentes rapides. »

Ceux à qui il n'a pas été donné de voir H. Regnault, mais qui connaîtront ces divers portraits, seront peut-être mieux à même de comprendre son œuvre.

La France perd en Regnault un grand artiste, un futur chef d'école, qui devait renouveler l'art énervé par les mièvreries ou dégradé par le réalisme, et continuer les glorieuses traditions de la Peinture française. Une balle stupide, lancée par quelque paysan de la Poméranie ou du Brandebourg, — l'une des dernières tirées sous les murs de Paris, — en a décidé autrement, et cette mort est l'une des plus grandes pertes, peut-être la plus grande, que nous ayons éprouvée dans cette guerre déjà si pleine de deuils et de ruines.

Il aimait trop sa patrie, — comme si on pouvait jamais trop aimer la France.

1er mai 1872.

TABLE DES MATIÈRES

		Pag.
I.	Enfance et jeunesse	3
II.	Années d'École	22
III.	Années de voyage en Italie, en Espagne, au Maroc.	33
IV.	Siége de Paris	79
V.	Funérailles, exposition, vente	86
VI.	Portrait	92

Héliogravure DURAND

LES

Dessin à la plume

Henri REGNAULT, par H. B.

ACHEVÉ D'IMPRIMER LE 15 MAI 1872

PAR A. MOUSSIN

IMPRIMEUR A COULOMMIERS

À LA MÊME LIBRAIRIE

CHARLES CLÉMENT

PRUD'HON, sa vie, ses œuvres et sa correspondance. 1 vol. gr. in-8°, illustré de 30 gravures.................... 25 fr.
GÉRICAULT, étude biographique et critique, etc. 1 vol. in-8°. 6 fr.

LÉON LAGRANGE

PIERRE PUGET, peintre, sculpteur, architecte, décorateur de vaisseaux. 2ᵉ édit. 1 vol. in-12.................... 3 fr. 50
JOSEPH VERNET ET LA PEINTURE AU XVIIIᵉ SIÈCLE, avec des documents inédits. 2ᵉ édit. 1 vol. in-12..... 3 fr. 50

L. ET R. MÉNARD

TABLEAU HISTORIQUE DES BEAUX-ARTS, depuis la Renaissance jusqu'au XVIIIᵉ siècle. *(Ouvrage couronné par l'Académie des Beaux-Arts.)* 2ᵉ édit. 1 vol. in-12. 3 fr. 50
LA SCULPTURE ANTIQUE ET MODERNE. *(Ouvrage couronné par l'Académie des Beaux-Arts.)* 2ᵉ édit. 1 vol. in-12.. 3 fr. 50

BEULÉ

HISTOIRE DE L'ART GREC avant Périclès. 1 vol. in-12. 3 fr. 50
CAUSERIES SUR L'ART. 2ᵉ édit. 1 vol. in-12..... 3 fr. 50
PHIDIAS, drame antique. 2ᵉ édit. 1 vol. in-12....... 3 fr. 50

GUIZOT

ÉTUDES SUR LES BEAUX-ARTS EN GÉNÉRAL. 1 volume in-12... 3 fr. 50

F. DE SAULCY

HISTOIRE DE L'ART JUDAÏQUE, d'après les textes sacrés et profanes. 1 vol. in-8°, avec fig.................... 6 fr. »

HENRI HOUSSAYE

HISTOIRE D'APELLES. 3ᵉ édit. 1 vol. in-12....... 3 fr. 50

E.-J. DELÉCLUSE

LOUIS DAVID ET SON ÉCOLE. 2ᵉ édit. 1 vol. in-12. 3 fr. 50

CHESNEAU

LES NATIONS RIVALES DANS L'ART, peinture et sculpture contemporaines. 1 vol. in-12.................... 3 fr. 50
LES CHEFS D'ÉCOLE DE LA PEINTURE AU XIXᵉ SIÈCLE. 2ᵉ édit. 1 vol. in-12........................... 3 fr. 50
L'ART ET LES ARTISTES MODERNES EN FRANCE ET EN ANGLETERRE. 1 vol. in-12................... 3 fr. 50

L. AUDIAT

BERNARD PALISSY. Étude sur sa vie et ses travaux. 1 volume in-12. *(Ouvrage couronné par l'Académie française.)* 3 fr. 50

COULOMMIERS. — Typ. A. MOUSSIN.

www.ingramcontent.com/pod-product-compliance
Lightning Source LLC
Chambersburg PA
CBHW070525100426
42743CB00010B/1961